Wolf-Dieter Hartmann

FÜNF KRÜMEL UND ZWEI FISCHGRÄTEN

Mut zur Seelsorge in der Gemeinde

Wolf-Dieter Hartmann

Fünf Krümel und zwei Fischgräten

Mut zur Seelsorge in der Gemeinde

IGNIS-Akademie für Christliche Psychologie

1. Auflage

IGNIS-Edition

IGNIS-Akademie für Christliche Psychologie
Kanzler-Stürtzel-Straße 2, D-97318 Kitzingen, 2006
www.ignis.de

Satz und Druck: Schönbach-Druck GmbH, D-64390 Erzhausen

Titelbild: Collage KEYWORDS von Harald Wirkner, Bauhaus Kitzingen

ISBN: 978-3-933685-12-4

Zu diesem Buch

Seit 1989 führe ich Schulungen für Seelsorge in der Gemeinde durch. Das Konzept dieser Schulungen ist sehr praxisorientiert und will Menschen für den Dienst der Seelsorge im Rahmen der Gemeinde ermutigen und zurüsten. Ebenso wird der Einzelne angesprochen, Einsicht in eigene Grenzen und in die Entwicklung von Möglichkeiten zum Umgang mit diesen Grenzen zu gewinnen.

Der vorliegende Band der IGNIS-Edition „Fünf Krümel und zwei Fischgräten" fasst wesentliche Impulse des ersten Schulungswochenendes zusammen. Sie sind programmatisch für mein Grundanliegen: Menschen zum Hinhören auf Gott und zur Sorge füreinander zu ermutigen, und so Gemeinde als Ort der Heilung wieder herzustellen. Ich hoffe, diese Ermutigung findet auch in geschriebener Form Zugang zu den Herzen (wobei der Charakter der gesprochenen Rede weitgehend beibehalten wurde), weckt Hoffnung für dieses Ziel und Mut, sich einzubringen.

Danken möchte ich für das Vertrauen all derjenigen, die sich bisher in zahlreichen Kursen auf diese Impulse eingelassen haben. Das sind bis heute mehrere tausend Menschen gewesen. Mein Dank gilt aber auch all denen, die als Dozenten dazu beitragen, dass diese Schulung ein Ort des Segens geworden ist und auch bleiben soll.
Vor allem danke ich Werner May, der maßgeblich an der Entstehung des Buches durch inhaltliche und organisatorische Impulse beigetragen hat. Dank auch an Agnes May für die sensible Lektoratsarbeit.

Kitzingen, Januar 2007

Wolf-Dieter Hartmann

Inhaltsverzeichnis

Einführung

Welches Ziel steht mir vor Augen, wenn ich Menschen auf eine Reise in das Land der Seelsorge mitnehmen möchte?
Ich sehe vor mir, dass Menschen ihre Identität in Christus in vollem Umfang erkennen und sich erwartungsvoll und wahrhaftig auf den Weg machen, um dieses Land einzunehmen, d. h., Christus ähnlicher zu werden.

Viele Bibelverse weisen darauf hin, wie sehr wir Menschen auf ein Ziel und auf ein andauerndes Wachsen und Reifen zu diesem Ziel hin angelegt sind. Im Brief an die Epheser z. B. heißt es: „Der Leib Christi soll erbaut werden, bis wir alle hingelangen zur Einheit des Glaubens und der Erkenntnis des Sohnes Gottes, zum vollendeten Mann, zum vollen Maß der Fülle Christi, damit wir nicht mehr unmündig sind …" (Eph 4, 12f)

Das ist die Perspektive der Seelsorge, für die dieses Buch Mut machen soll. Dieses Ziel, in vollem Maß in die Fülle Christi zu kommen, verwandelt zu werden in sein Ebenbild, gilt (auch wenn Paulus in seinem Brief die männliche Form benutzt) für Männer und Frauen. Und ich hoffe, dass sich beide, Männer und Frauen, mit diesem Ziel identifizieren können und sich durch dieses Buch zum persönlichen Wachstum ebenso wie zu einer Unterstützung der Wachstumsprozesse anderer ermutigen lassen.

Bevor wir ins Thema einsteigen, werde ich zunächst etwas von mir erzählen, damit der Leser weiß, wer diese Zeilen geschrieben hat, auf wen er sich einlässt.

Lebensgeschichte

Ich bin in einem normalen christlichen Elternhaus groß geworden. Kann man das so sagen? Nach meinem heutigen Verständnis vom normalen Christsein eigentlich nicht mehr, denn in meinem Elternhaus gingen wir zwar einige Male im Jahr zur Kirche, Weihnachten und Hochzeiten mit eingeschlossen, aber mit der Konfirmation bin ich mehr oder weniger aus der Kirche hinauskonfirmiert worden.
Nach dem Abitur und der Bundeswehr habe ich Psychologie in Hamburg studiert. Meine Mutter, die in dieser Zeit zum Glauben fand, hat damals immer wieder versucht, mich zu missionieren. Meine Erwiderung war, dass sie ihren Glauben behalten solle, ich hätte meine Psychologie. Und das war mein voller Ernst.
Aber dann gab es in meinem beruflichen und privaten Leben Ereignisse, die mich an meine Grenzen führten, unter anderem, dass in meine Praxis Menschen mit Schwierigkeiten kamen, auf die ich keine Antwort hatte. Da war eine Frau, die wegen Krebs nur noch zwei Monate zu leben hatte, oder ein Mann, der jemanden ermordet hatte. Was sagt man in so einem Fall? Wie kann man Menschen in dieser Situation begegnen, trösten oder stärken?
In meiner Ehe musste ich erleben, dass meine Frau und ich uns trennten, weil wir in unserer ganzen Suche nach Selbstverwirklichung viele Grenzen überschritten hatten und nun vor den Scherben unserer Beziehung standen.

In meiner damaligen Suchbewegung bin ich über Anthroposophie und verschiedene andere Richtungen in ein Zentrum für initiatische Therapie gekommen, wurde dort mit einer Mischung aus Zen-Buddhismus und Jungscher Analyse konfrontiert.
Eines Tages sagte eine Mitarbeiterin zu mir, ich solle einmal ein paar geistige Schritte tun. Dafür schlug sie mir einige esoterische Wege vor. Ich wollte mir das überlegen und bin spazieren gegangen.
Auf diesem Spaziergang hatte ich plötzlich ein Bild vor Augen, ein Bild von einem Marktplatz, von dem verschiedene Wege

abgehen. Ich war neugierig, weil an den Wegen Schilder standen, und wollte wissen, was darauf geschrieben war. Da las ich auf dem einen „Anthroposophie", auf dem nächsten „Buddhismus" … Weitere esoterische Wege folgten. Ich habe gleich verstanden, dass dies meine Situation darstellt: Ich befinde mich auf diesem Marktplatz, das ist meine Lebenssituation, und es geht darum, dass ich mich auf einen Weg begebe. Und während ich noch umherschaute, da tauchte plötzlich ein Schild auf, auf dem stand „Jesus Christus". Und von einem Moment auf den anderen wusste ich: Das ist der Weg.
Wenn mir jemand zuvor gesagt hätte: „Du wirst dich einmal für Jesus Christus entscheiden" – ich hätte gesagt: „Alles, nur das nicht!" Aber in dem Moment, als dieses Schild auftauchte, wusste ich zutiefst in meinem Herzen: Das ist der Weg.
Heute würde ich es als eine Offenbarungserkenntnis bezeichnen, eine Erkenntnis, die das eigene Denken bei weitem übersteigt. Sie ist nicht das Ergebnis von reiflichen Überlegungen und Reflexionen, sondern sie trifft einen völlig unvorbereitet, wie ein Blitz aus heiterem Himmel. Jesus ist der Weg.
Trotzdem war ein Kampf in mir.
Schon in der Ehe mit meiner Frau hatte es viel Unruhe gegeben, weil ich mich eigentlich nicht festlegen wollte. Und ich wusste, wenn ich mich jetzt festlegte, wenn ich Ja sagte zu diesem Weg mit Jesus Christus, dann würde es kein Zurück geben.
Alle anderen Wege ließen eine Art Unverbindlichkeit zu. Man konnte fünf Schritte vorwärts gehen, zehn Schritte zurück, sich nach links nach rechts bewegen. Aber auf diesem Weg, das war mir klar, da gibt es kein Zurück. Und weil es so klar war, habe ich auf diesem Spaziergang Ja zu Jesus gesagt, ganz alleine. Ich hatte keine Vorstellung, wie man jetzt mit dieser Entscheidung weitermacht. Irgendwo hatte ich gelesen, dass es gut sei, so eine Entscheidung schriftlich festzuhalten. So habe ich in eine Bibel das Wort Ja geschrieben – mit Datum.
Zu Hause habe ich erst einmal so weitergelebt wie vorher. Meine Frau und ich haben uns in dieser Zeit auch noch scheiden lassen.
Erst ein Jahr später bin ich in Hamburg in einen Grundkurs des Glaubens gekommen, man würde ihn heute Alphakurs nennen. Und das war mein Zugang zur Gemeinde.

Ich wusste, als ich dort das erste Mal war, dass ich zu Hause angekommen war, dass ich wie nach einer langen Seefahrt im Hafen eingelaufen war. Es war ein überwältigendes Gefühl.
Aufgrund dieser Erfahrung habe ich meine geschiedene Frau angerufen und sie auf diesen Grundkurs des Glaubens aufmerksam gemacht, denn ich hatte mitbekommen, dass auch sie auf der Suche war. Sie hat den Folgekurs besucht, einen Crashkurs von Dienstag bis Samstag, jeden Abend. Am Ende stand die Frage: Wie willst du dein Leben weiterführen? Da hat auch sie sich für Jesus als ihren Herrn entschieden. So haben wir uns dann sonntags immer im Gottesdienst getroffen.
Nach drei Monaten hat sie mich gefragt, was das eigentlich solle, dass wir uns jeden Sonntag im Gottesdienst treffen. Ich habe ohne zu überlegen erwidert: „Wir heiraten wieder." Und sie hat ohne zu überlegen „Nein" gesagt. Sie konnte sich überhaupt nicht vorstellen, mich wieder zu heiraten, was ich sehr gut nachvollziehen konnte. Es hat einige Monate gedauert, bis Gott ihr klargemacht hat, dass sie etwas Wesentliches versäumt, wenn sie mich nicht wieder heiratet.
Und so haben wir 1985 zum zweiten Mal geheiratet und haben jetzt zwei Kinder aus zweiter Ehe.
Gott hat damals schon nachgeholfen; meine Frau bestätigt das heute. Im Nachhinein habe ich festgestellt, dass meine Mutter acht Jahre lang für uns gebetet hatte, schon während der Zeit unserer Trennung und über die Scheidung hinaus. Sie hat nie akzeptiert, dass wir geschieden waren, sondern vor Gott daran festgehalten, dass er ihr zugesagt hatte, sie und ihr Haus sollten selig werden.

Im privaten Bereich war Gottes Wirken für mich also sehr eindrücklich.

Beruflich habe ich zu der Zeit in einer privaten Praxis für Psychotherapie gearbeitet. In den folgenden Jahren entwickelte sich eine Spannung zwischen dem, was ich in meiner Ausbildung als Psychologe und als Psychotherapeut gelernt hatte, und dem, was ich in der Bibel las, im Hauskreis mitbekam oder in Predigten hörte.

Auf der Suche, diese Spannung aufzulösen, bin ich auf eine Gruppe Psychologen gestoßen, die Christen waren und die eine christliche Psychologie entwickeln wollten, basierend auf dem Wort Gottes.
Als ich sie zum ersten Mal traf, schien mir ihr Ansatz viel zu radikal. Ich hatte die Vorstellung, irgendetwas zu finden, um das, was ich gelernt hatte, mit meinem Glauben zu verbinden. Aber eine neue, eine christliche Psychologie, das war vielleicht doch etwas übertrieben. Trotzdem habe ich Feuer gefangen und suchte jede Gelegenheit, wieder mit ihnen in Kontakt zu kommen.
Und dann, bei einem Grundkurs in Christlicher Psychologie, wurde an einem Wochenende die Frage gestellt: Welche Bedeutung hat das Wort Gottes für dich und dein Leben? Was ist die höchste Instanz für dein Denken, für dein Handeln?
Ich bin von diesem Wochenende mit Bauchschmerzen nach Hause gefahren, denn ich dachte: Wenn ich mich für Gottes Wort als letzter und höchster Instanz und Autorität entscheide, dann kann ich meinen Beruf an den Nagel hängen. Die Vorstellung, in jedem Gespräch zu überlegen, was darf ich machen, was darf ich nicht machen, das schien mir so riesig, dass ich dachte, das schaffe ich nie.
Ich wusste aber gleichzeitig, wenn ich die Entscheidung nicht treffe, dann kann ich meinen Glauben an den Nagel hängen.
Schließlich hat mir Gott eine wichtige Lektion erteilt. Nach drei Wochen hat er mich angesprochen und gefragt: „Was machst du dich eigentlich so verrückt? Entscheide du dich für mein Wort, und ich werde deine Arbeit verändern.“ Da habe ich ganz schnell Ja gesagt und das Ganze losgelassen. In der Folgezeit habe ich gemerkt, dass manche Dinge sich veränderten, aber ich habe nicht weiter darauf geachtet.
Nach einem halben Jahr ungefähr hat mich jemand gefragt, wie ich jetzt eigentlich arbeite. Da habe ich ihm erzählt, was ich in den Therapien tue, und nach einer Weile sagte er: „Mensch, du machst das ja so, wie wir uns das in der Christlichen Psychologie vorstellen.“ Und im Rückblick konnte ich sehen, wie Gott manche Dinge einfach weggenommen hatte, ohne dass mir das aufgefallen war. Bei anderen hörte ich, dass ich es lassen sollte, andere hat er einfach gesegnet.

Ja, Gott hatte meine Arbeit verändert.

Eines Tages habe ich Gott im Gebet gefragt, wie er mich in Bezug auf meine Arbeit sieht. Da hat Gott mir klargemacht, dass er sein Reich mit mir nicht in einer privaten Praxis bauen will, sondern dass er möchte, dass die Gemeinde als Ort der Heilung wiederhergestellt wird. Das war schon ein starkes Wort. Ich habe mir noch etwas mehr Klarheit aus der Bibel erbeten, und Gott nach einem speziellen Wort gefragt.
Zwei Bibelstellen sind mir da in den Sinn gekommen: das Buch Haggai und ein Abschnitt aus dem Epheserbrief.
Das Buch Haggai aus dem Alten Testament war für mich ein Einblick in den Zustand des Leibes Christi. Schauen wir uns einige Verse an.
Da heißt es im Kapitel 1, Vers 2: „Dies Volk spricht, die Zeit ist noch nicht da, dass man des Herrn Haus baue, aber eure Zeit ist da, dass ihr in getäfelten Häusern wohnt und dies Haus muss wüst stehen.“ Und Vers 8: „Geht hin ins Gebirge und holt Holz und baut das Haus, es soll mir angenehm sein und ich will meine Herrlichkeit erweisen, spricht der Herr.“ Und Kapitel 2, Vers 9: „Es soll die Herrlichkeit dieses neuen Hauses größer werden, als die des ersten gewesen ist, spricht der Herr Zebaoth, und ich will Frieden geben an dieser Stätte, spricht der Herr Zebaoth.“

Das zweite Wort war aus Epheser 4, aus dem ich schon zitiert habe: „Der Leib Christi soll erbaut werden, bis wir alle hingelangen zur Einheit des Glaubens und der Erkenntnis des Sohnes Gottes zum vollendeten Mann, zum vollen Maß der Fülle Christi, damit wir nicht mehr unmündig sind und uns von jedem Wind einer Lehre umhertreiben lassen durch trügerisches Spiel der Menschen, indem sie uns arglistig verführen. Lasst uns aber wahrhaftig sein in der Liebe und wachsen in allen Stücken zu dem hin, der das Haupt ist, Christus. Von dem aus der ganze Leib zusammengefügt ist und ein Glied am anderen hängt durch alle Gelenke, wodurch jedes Glied das andere unterstützt nach dem Maß seiner Kraft und macht, dass der Leib wächst und sich selbst aufbaut in der Liebe.“ (Eph 4, 12b-16)

Diese Worte sind mir deshalb so wichtig, weil Gott mir mit ihnen einen Rahmen gegeben hat, ein Fundament und gleichzeitig ein Ziel und eine Richtung. Er hat mir klargemacht, dass er die Gemeinde als Ort der Heilung wiederherstellen will.

Mit diesen beiden Worten im Herzen bin ich dann bzw. sind wir als Familie 1989 nach Würzburg gezogen, weil ich die Anfrage bekam, die Arbeit von IGNIS mit aufzubauen.

Einige Gedanken zur Gemeinde als Ort der Heilung

In den 20 Jahren seit der Gebetszeit, in der ich von Gott die Wegweisung für meinen Dienst erhielt, habe ich immer wieder Ausschau gehalten nach dem, was Gemeinde als Ort der Heilung sein kann. Es hat sich kein 7-Punkte-Programm abgezeichnet, aber in einzelnen Begegnungen mit Menschen ist etwas aufgeblitzt von dem, was sich hinter diesem Begriff verbirgt.

Gelebte Beziehung zu Gott

Zuallererst gehört zu einer Gemeinde als Ort der Heilung, dass hier Menschen in der persönlichen Beziehung zu Gott, dem himmlischen Vater, leben. Gottes Anliegen ist es nicht nur, dass jeder Mensch errettet werde, sondern dass jeder Mensch in die persönliche Beziehung zu ihm als Kind, als Sohn und Tochter, kommt. Er sehnt sich nach der Gemeinschaft mit dem Menschen, der durch Jesus Christus diese Kindschaft angenommen hat.

Gemeinschaft mit dem himmlischen Vater drückt sich aus durch:

- Zeit, in der ich mit meiner Aufmerksamkeit bei Gott bin;
- Stille, in der ich loslasse von allen Gedanken und Gefühlen;
- das Herz ausschütten, Ihm alles erzählen, was mich bewegt;
- auf Gott hören, seine Stimme erkennen;
- Folgen, auf das Gehörte antworten, Gott gehorchen;
- Bitten, Fragen stellen, sich trauen, mit allem zu Ihm zu kommen;
- Erwartung, Zuversicht, dass Gott sein Wort hält;
- Vertrauen, Glauben, sich Ihm ganz zu überlassen.

Gelebte Beziehung zum Nächsten

Die gelebte persönliche Beziehung zu Gott ist der Ausgangspunkt für den zweiten wichtigen Aspekt einer Gemeinde als Ort der Heilung: die Beziehung zum Nächsten.
Immer wieder wird in der Bibel die Beziehung zum Menschen mit der Beziehung zu Gott in enge Verbindung gebracht. („Wenn jemand spricht: Ich liebe Gott, und hasst seinen Bruder, der ist ein Lügner ...“ 1 Joh 4,20. „... Was ihr getan habt einem von diesen meinen geringsten Brüdern, das habt ihr mir getan.“ Mt 25,40; etc.)

Die ganze Bibel beinhaltet Weisungen für das Miteinander der Menschen, die oft wie ein Appell ankommen: Du sollst, Du sollst nicht, liebe, achte, ehre, trage, etc. Diese Weisungen, so sinnvoll sie klingen, erschrecken uns oft, und wir lassen uns von ihnen unter Anklage bringen, weil wir es nicht schaffen, sie alle zu befolgen.
In einer Gemeinde als Ort der Heilung wird deutlich sein, dass es gar nicht Gottes Anspruch ist, dass wir alles schaffen – er will vielmehr, dass wir vertrauen, dass ER es schafft, in uns und durch uns. Wenn im Galaterbrief von Freundlichkeit, Demut, Sanftmut, Geduld die Rede ist, dann ist dies eine Frucht des Geistes. Wenn der „neue Mensch“ als Kind des Lichts lebt, so sind Güte und Gerechtigkeit und Wahrheit die Frucht (Eph 5,9). Unser Teil ist es, Ja zu sagen, in der Erwartung, dass Gott es in uns und durch uns wirkt.

Natürlich ist das nicht ein passives Nichtstun von Seiten des Menschen. Es erfordert unsere Bereitschaft, unser Handeln, mit dem Risiko, dass wir Fehler machen, aber auch mit der immer neuen Möglichkeit, bei Gott Gnade und Gunst zu erfahren. Ein Hauptwort für uns Christen ist Umkehr. Je mehr Fehler wir erkennen, desto häufiger können wir umkehren und Gnade empfangen.

Die Gemeinschaft, das Miteinander der Menschen, ist eine gewaltige Ressource, die Gott uns anvertraut. Für uns Erwachsene gerät leicht in Vergessenheit, was für Kinder selbstverständliche Erfahrung ist. Wir sind von Menschen abhängig, die uns

versorgen, an uns denken, uns finanziell, emotional und praktisch tragen. Besonders in Zeiten der Schwäche, im Alter oder durch Krankheit werden wir wieder mit der Realität dieser Welt in Berührung gebracht. Es ist eine der großen Lügen unserer Zeit, dass ein Mensch allein in einer 2-Zimmer-Wohnung sein Leben kreativ und erfüllt unabhängig von anderen Menschen führen kann.
Menschen brauchen einander, und die Weisungen Gottes für dieses Miteinander entfalten eine unglaubliche Kraft und Liebe.

Licht für die Welt

Wenn Christen diese Kraft und Liebe im Miteinander leben lernen, kommen die Menschen dieser Welt – und dies ist ein dritter Schwerpunkt einer Gemeinde als Ort der Heilung – mit dem Evangelium in Berührung. Zum einen wird sie diese Kraft in der persönlichen Begegnung erfassen, wenn Christen nach dem Auftrag Gottes sich ihnen zuwenden. Zum anderen werden sie in der Gemeinschaft der Christen Jesus selbst erkennen. So können Menschen dieser Zeit Halt und Orientierung finden, statt im Chaos humanistischer Selbstverwirklichung zu scheitern. Ihre Aufmerksamkeit bekommt einen Halt, weil Jesus der Weg, die Wahrheit und das Leben ist.

Wenn wir in diesem Sinne verstehen, zu welcher Hoffnung wir berufen sind und wie diese Hoffnung durch unseren Lebensstil in der Beziehung zu Gott und im Miteinander an Ausstrahlungskraft gewinnt – was hindert uns, die nächsten Schritte zu wagen?

In diesem Buch möchte ich dazu ermutigen, Seelsorge in der Gemeinde als eine selbstverständliche Unterstützung für den Wachstumsprozess eines jeden Christen zu verstehen. Und ich möchte dazu ermutigen, dass wir in den Gemeinden zu dieser Art Seelsorge füreinander bereit sind, dass wir wachsen wollen und uns dabei unterstützen und unterstützen lassen.

Seelsorge – Wachsen können in einer Atmosphäre von Aufmerksamkeit

Seelsorge nur bei „dicken Problemen"?
In Begegnungen mit Menschen erfahre ich immer wieder, wie unterschiedlich die Vorstellungen sind, wenn das Wort Seelsorge gebraucht wird. Das, was mir am häufigsten unter diesem Stichwort begegnet, ist das Verständnis, dass jemand, der Probleme hat, „dicke Probleme" hat, Seelsorge braucht. Seelsorge ist für viele also etwas Ähnliches wie Psychotherapie, und das Ziel ist, Probleme, ich sage es jetzt etwas flapsig, wegzubekommen. In meiner Anfangszeit in der Gemeinde in Hamburg oder in großen Veranstaltungen fielen mir neben den Pastoren, dem Lobpreisteam, den Kindermitarbeitern und einigen anderen Diensten besonders diejenigen mit der orangefarbenen Binde auf, das waren die Ordner, und diejenigen mit der grünen Plakette mit dem S darauf, das waren die Seelsorger, also die Seelsorgespezialisten.

Ist es das, was wir brauchen? Spezialisten für Seelsorge? Was ist ihr Auftrag? Und warum gibt es so viele Christen, die Probleme haben und aus ihren Problemen nicht herauskommen? Diese Fragen beschäftigen mich, seit ich zum Glauben gekommen bin.

Seelsorge: Mitsorgen für das Wachstum in dem von Gott geschenkten Leben
Ich habe versucht, aus dem Wort Gottes Klarheit darüber zu bekommen. Doch das Wort Seelsorge kommt in der Bibel so direkt nicht vor. Erst wenn man die zwei Worte auseinander-

nimmt, Seele und Sorgen, dann erkennt man plötzlich, dass das ganze Wort Gottes voll ist von seelsorgerlichen Impulsen. Wir lesen, wie Gott selbst sich um unsere Seele sorgt, und dass wir für unsere und die Seelen der anderen sorgen sollen, z. B. durch Gehorsam, in der Bruderliebe: „Habt ihr eure Seelen gereinigt im Gehorsam der Wahrheit zu ungefärbter Bruderliebe, so habt euch untereinander beständig lieb aus reinem Herzen.“ (1 Petr 1,22)
Dabei ist mir auch deutlich geworden, dass mit Seele in der Bibel nicht ein irgendwie psychologisch definiertes Innenleben gemeint ist, sondern dass es um den ganzen Menschen und sein Leben, um das von Gott geschaffene lebendige Wesen geht. Für dieses Wesen sorgt Gott selbst, und er gibt Anregungen, wie wir unser Leben führen und selbst für das sorgen sollen, was er uns anvertraut hat.

Es geht also bei Seelsorge nicht nur um die „dicken Probleme“ und die Spezialisten zu deren Beseitigung, sondern es geht um jeden Christen und sein Wachstum in dem von Gott geschenkten Leben. Dieses Wachstum vollzieht sich in der Beziehung zu Gott selbst und in der Beziehung der Gläubigen untereinander. Es ist ein Wachstum innerhalb, durch, mit und für den ganzen Leib Christi.

Was stellen wir uns vor, wenn wir hören, dass es um „Wachstum“ gehen soll? Mir fallen spontan einige Bilder aus der Natur ein: Ein Löwenzahn, der durch den Asphalt durchbricht. Oder ich habe kürzlich Rhabarberstauden gesehen, wie die wachsen, wie die sprießen! Oder wie Kartoffeln im Keller versuchen, zum Licht hin zu keimen. Unglaublich. Wie kann das geschehen?

Was fördert Wachstum?
Es braucht einerseits einen Boden dafür, es braucht eine Grundlage, eine Verwurzelung, etwas, woraus wir Nahrung ziehen können. Bibelkennern fällt dazu wahrscheinlich Psalm 1 ein, wo es darum geht, dass wir wie ein Baum an Wasserbächen gepflanzt sind. Wir brauchen Halt, manchmal zusätzlich zum Boden einen Stock, an dem wir wie kleine Bäume abgestützt sind, damit wir nicht umgeblasen werden vom Wind.

Um wirklich wachsen zu können, brauchen wir jemanden, der da ist, der uns hält, der zu uns steht. Wenn kleine Kinder anfangen, in die Welt hinauszugehen, vergewissern sie sich immer, ob die Eltern auch noch da sind. Sie laufen ein Stück und schauen sich dann um. Und irgendwann laufen sie ohne sich umzuschauen Wenn Kinder diesen Orientierungspunkt nicht haben, wird unglaublich viel an Kraft, an Energie verbraucht, um sich Halt zu holen.

Dann benötigen wir eine Bestimmung, wir brauchen eine Berufung, etwas, was uns klarmacht, wozu wir da sind und wo unser Ziel ist. Wie die Pflanzen sich zum Licht ausstrecken, so brauchen wir einen Orientierungsrahmen, in dem wir uns bewegen können, der uns durch seine Grenzen Halt gibt, uns aber auch Raum zur Entfaltung bietet.

Aufmerksamkeit ist ein weiterer Punkt, um zu wachsen. Ein Kind, das von seinen Eltern aufmerksam begleitet wird, kann sich entwickeln und dazulernen. Umgekehrt können wir erleben, wie es z. B. in der Schulklasse ausufert, wenn Kinder ihre krummen Strategien als Klassenkasper oder Rüpel einsetzen, um auf sich aufmerksam zu machen. Auch als Erwachsene bleibt uns das Bedürfnis nach Aufmerksamkeit von anderen, die achten, wer wir sind und was wir tun, die uns ermutigen und in Liebe korrigieren. Was veranstalten wir alles am Tag, um die Aufmerksamkeit anderer Menschen zu bekommen? Wessen Aufmerksamkeit ist uns wichtig? Und was geschieht in uns, wenn wir diese Aufmerksamkeit nicht bekommen?
Ich habe festgestellt, dass Gott seine ganze Aufmerksamkeit für uns hat, jederzeit. Und wenn wir uns ihm zuwenden, merken wir, wie er mit seinem ganzen Herzen da ist. Und er möchte, dass wir mit unserer ganzen Aufmerksamkeit bei ihm sind. Denn nur so werden wir frei, für andere da zu sein und die Zuwendung anderer in einer gesunden Art und Weise anzunehmen. Sonst wird es nämlich sehr anstrengend, wenn wir versuchen aus eigener Kraft unsere Aufmerksamkeitsbedürfnisse zu stillen.

Keiner wächst unbeschadet auf

Verwurzelung und Halt haben, um Bestimmung und Ziel wissen, Aufmerksamkeit erleben, das sind ein Leben lang wichtige Faktoren für menschliches Wachstum.

Doch wie sieht das normalerweise bei uns Menschen aus? Wir fangen als Kinder an zu wachsen, körperlich, auch geistig und seelisch. Das ist normal. Doch in diesem Wachstum werden wir in der Regel nicht nur gefördert, sondern auch behindert. „Lauf nicht zu weit!“ – „Nimm nicht zu viel!“ – „Sei leise, nicht so laut!“ – „Halt den Stift so, mal das Bild so!“

Uns erreichen Botschaften, die uns einschränken. Ebenso erleben wir Nichtbeachtung und Situationen, wo keine Grenzen gesetzt werden und dadurch ein hohes Maß an Verunsicherung oder an Maßlosigkeit produziert wird.

Manchmal können die Einflüsse unserer Entwicklungsgeschichte unser Herz so zudecken, prägen und verformen, dass kaum noch etwas übrig bleibt, um weiter zu wachsen.

Es ist, als wären lauter Sicherheitssysteme eingebaut, als hätten wir uns im Laufe der ersten 10, 20 Jahre abgeschottet, sodass unser Wachstum immer mehr aufhört.

Aber, und das ist das Gute daran, die Bestimmung, die Gott in uns hineingelegt hat, bleibt. Selbst wenn wir krumm gewachsen sind oder irgendwann aufgehört haben zu wachsen, ist Gott immer noch da und schaut darauf und sehnt sich danach, dass wir die Tür auftun, ihn einladen, und unser Wachstum geht weiter.

Wachstum tut manchmal weh

Ich denke, mit unserer grundsätzlichen Entscheidung für Jesus, in der wir zu ihm Ja gesagt haben, wurde die Tür für unser Wachstum neu geöffnet. Trotzdem haben wir die Möglichkeit, an bestimmten Stellen den Fuß wieder davorzustellen und zu sagen: „Halt, nicht so schnell! Nein, jetzt möchte ich nicht mehr wachsen.“ Warum tun wir das? Weil Wachstum manchmal auch weh tut.

Bei unserem Sohn, als er so dreizehn Jahre alt war, bekamen wir mit, wenn er Wachstumsschmerzen in den Gelenken hatte, wenn die Sehnen und Muskeln, die etwas mit dieser Wachstumsphase zu tun hatten, schmerzten.

Auch im geistlichen Wachstum tut uns manches weh, denn zum Wachsen gehören Schwierigkeiten, denen wir uns stellen müssen. Probleme sind normaler Bestandteil des Christenlebens; ohne Schwierigkeiten wächst keiner.

Sieger sein

Als Christen schrecken wir vor Problemen nicht zurück, denn wir sind Sieger, weil wir am Sieg Jesu teilhaben. Zum Siegen gehören Schlachtfelder. Sonst sind wir nur ein Sieger a. D., der von den siegreichen Erfahrungen der Vergangenheit erzählt, die irgendwann niemand mehr hören will. Unser Schlachtfeld ist der 24-Stunden-Alltag mit all seinen Herausforderungen und Überraschungen, die uns mit unserem Herzen in Berührung bringen können. In Christus ist es unsere Bestimmung, dass wir hier Sieger sind, dass wir uns darauf besinnen, danach ausstrecken und lernen, was es heißt, Sieger inmitten von Belastungen zu sein, dass wir erfahren, wie sich das anfühlt.

Ein persönliches Beispiel dazu:

Als unsere Tochter 14 Jahre alt war, gab es eine Phase, in der sie so schwer zu umarmen war wie ein Kaktus. Es war an der Tagesordnung, dass sie Türen schlagend aus dem Zimmer rannte und für die nächsten Stunden nicht ansprechbar war. Irgendwann kam für mich der Zeitpunkt, wo ich die Nase voll hatte. Meine innere Haltung war: Jetzt reicht es. Wenn du nicht willst, werde ich dir schon zeigen, wo es lang geht. Inmitten dieser Gedanken spürte ich aber auch, dass etwas nicht stimmte. Ein inneres Zwiegespräch begann. Was willst du wirklich? Willst du die Konfrontation? Oder willst du nicht eigentlich die Beziehung? Natürlich wollte ich die Beziehung. Also habe ich mich auf den Weg gemacht, bei unserer Tochter angeklopft, bin ins Zimmer gegangen – sie saß mit dem Rücken zu mir am Schreibtisch. Keine Reaktion. Ich stand etwas ratlos herum, setzte mich auf die Bettkante. Keine Reaktion. Gedanken gingen mir durch den Kopf: Was soll das? Da kann ich ja auch gleich wieder gehen. Unverschämt ... Aber ich wollte ja Beziehung. So betete ich wie ein Weltmeister – Herr, hilf! Herr, hilf! ...
Dann fing ich an zu erzählen, warum ich im Zimmer bin, dass ich unglücklich darüber bin, wie wir miteinander umgehen,

und wie ich mir unser Miteinander vorstelle, usw. Und dann habe ich sie gefragt, wie es ihr denn mit mir geht. Sie ist gar nicht darauf eingegangen, sondern hat über ihren Bruder geklagt, der sie nervt. Das war überhaupt nicht das, was ich hören wollte. Aber ich schaffte es, zu schweigen und zuzuhören. Nach einer Weile wechselte sie plötzlich das Thema und fragte, ob ich ihren Rücken massieren könne, der sei so verspannt. Wieder schaffte ich es, meine Ansprüche hinten anzustellen und mich auf sie einzulassen. Nach der Rückenmassage ließ sie sich von mir die Lateinvokabeln abfragen, und damit endete unser Gespräch. Ich war nicht sehr zufrieden mit dem Ablauf, aber die Kaktuszeit war beendet und ist auch nicht wieder gekommen. Sehr viel (Jahre) später konnten wir diese Phase noch einmal reflektieren.

Probleme, Schwierigkeiten fordern uns heraus, unsere Möglichkeiten und Gaben einzubringen und zu lernen, normal zu sein, das heißt so zu werden, wie Gott uns gedacht hat.
Das Gute ist: Gott kennt uns in unserem Wachstumsprozess und in unseren Widerständen. Wir dürfen sein, wir dürfen zu ihm kommen, wie wir sind, und das ist der Ausgangspunkt, dass wir weitergehen können und nicht so bleiben müssen, wie wir sind.

Wachstum des „neuen Menschen"

Betonen möchte ich, dass es beim Wachstum nicht um die Reparatur des alten Menschen geht. Manchmal kommen Leute und wollen Seelsorge und Gespräch, um ihre Probleme loszuwerden, doch dann möchten sie ungestört ihr altes Leben weiterführen. Das darf und soll Seelsorge nicht sein. Es geht nicht um die Reparatur des alten Menschen. Es geht nicht um die Erleichterung, dass der alte Mensch weiterhin das tun kann, was er möchte.
Sondern es gilt, die Chance zu erkennen, die in der Schwierigkeit steckt, die Chance, die darin steckt, dass wir überwinden können, dass wir wachsen können. Das heißt Sorge für die Seele.

Reinigung, Heiligung, Reifung

Reinigung (das Beseitigen von Wachstumshindernissen), Heiligung (das Wachsen im Leben aus der Beziehung mit Gott) und Reifung (die Frucht, das, was Gottes Ziel mit uns ist, gewinnt Gestalt) sind für mich drei zentrale Anliegen für Seelsorge. Ich wünsche mir, dass wir einander darin unterstützen, dass wir fähig werden, anderen in diesem Prozess von Wachstum, von Reinigung, von Heiligung und von Reifung zur Seite zu stehen. Und wenn jemand anfängt zu wachsen, wird es Auswirkungen haben auf die Menschen in seiner Umgebung.

Seelsorge in der Gemeinde – Gemeinde als Ort für heilsames Wachstum

In meiner Suche nach der Bedeutung von Seelsorge sind mir vier Handlungsebenen deutlich geworden:

- Die seelsorgerliche Gemeinde
- Leiter und Hirten
- Berufene Seelsorger
- Spezialisten

Handlungsebene 1: Die seelsorgerliche Gemeinde

Die Möglichkeit 1, ich nenne dies die seelsorgerliche Gemeinde, sollte die Normalität der Gemeinde sein. Ich werde auf diesen Dienst aller Glieder aneinander am ausführlichsten eingehen, denn ich bin überzeugt, dass dies die wichtigste Handlungsebene der Seelsorge ist. Wir tragen alle füreinander Verantwortung. So wie der Prophet Hesekiel zu einem Wächterdienst berufen wird (Kap 3 und 33), so wie er den Gottlosen warnen und zur Umkehr aufrufen soll, sehe ich auch für jeden von uns eine Verpflichtung, einen Bruder oder eine Schwester zu ermahnen und auf Gottes Willen hinzuweisen.
Das bedeutet natürlich nicht nur, sie auf Sünde hinzuweisen oder schon gar nicht Verdammungsurteile weiterzugeben, sondern dazu gehört es vor allem, den Raum mitzugestalten, in dem eine fruchtbare Nachfolge Jesu gelebt werden kann. Wie der andere auf unsere Hinweise reagiert, liegt in seiner Verantwortung.

Ich glaube, dass wir in unserem Denken vergiftet sind, zu glauben, jeder sei allein selbst für sich verantwortlich. Das stimmt nur zum Teil. Gott will auch, dass wir füreinander sorgen, uns gegenseitig stärken, uns vom Bösen fernhalten und zu guten Werken anreizen.

Biblische Bestimmungen für Gemeinde

Ich sehe hier in Bezug auf die Gemeinde verschiedene biblische Bestimmungen, die erfüllt werden, wenn die Einzelnen füreinander da sind.

- Gemeinde ist eine tragende Gemeinschaft.
  „Wir aber, die wir stark sind, sollen das Unvermögen der Schwachen tragen ..." (Röm 15, 1)
- Gemeinde ist eine mitfühlende Gemeinschaft.
  „Und wenn ein Glied leidet, so leiden alle Glieder mit, und wenn ein Glied geehrt wird, so freuen sich alle Glieder mit." (1 Kor 12, 26)
- Gemeinde ist eine hoffende Gemeinschaft.
  „Ich will noch einmal das Land um ihn herum graben und ihn düngen; vielleicht bringt er künftig doch noch Frucht." (Lk 13, 8f)
- Gemeinde ist eine beziehungsreiche Gemeinschaft.
  „... und lasst uns aufeinander acht haben und uns anreizen zur Liebe und zu allen guten Werken." (Hebr 10, 24)
- Gemeinde ist eine freisetzende Gemeinschaft.
  „Löst die Binden und lasst ihn gehen!" (Joh 11, 44)
- Gemeinde ist eine nährende Gemeinschaft.
  „Seid begierig nach der vernünftigen, lauteren Milch wie die neugeborenen Kindlein, damit ihr durch sie zunehmt zu eurem Heil." (1 Petr 2, 2)
- Gemeinde ist eine ermutigende Gemeinschaft.
  „Denn worin er selber gelitten hat und versucht worden ist, kann er helfen denen, die versucht werden." (Hebr 2, 18)
- Gemeinde ist eine lehrende Gemeinschaft.
  „... lehrt und ermahnt einander in aller Weisheit." (Kol 3, 16)
- Gemeinde ist eine annehmende Gemeinschaft.
  „Darum nehmt einander an, wie Christus euch angenommen hat zu Gottes Lob." (Röm 15, 7)

- Gemeinde ist eine liebende Gemeinschaft.
  „Das ist mein Gebot, dass ihr euch untereinander liebt, wie ich euch liebe.“ (Joh 15,12) „Alle eure Dinge lasst in der Liebe geschehen!“ (1 Kor 16,14)
- Gemeinde ist eine erbauliche Gemeinschaft.
  „Jeder von uns lebe so, dass er seinem Nächsten gefalle zum Guten und zur Erbauung.“ (Röm 15,2)

Die tragende Gemeinschaft, die ermutigende Gemeinschaft, die liebende Gemeinschaft, alles Dinge, die sein sollen und zu denen wir einen Beitrag leisten sollen. Denn immer wieder erreicht uns der Appell „dass ihr euch untereinander liebt“.
Ich habe vorhin erzählt, wie mir Gott begegnet ist und mir eine wichtige Lektion erteilt hat, als ich mich für die Autorität der Bibel entscheiden sollte: „Entscheide du dich für mein Wort, und ich werde deine Arbeit verändern.“ Ähnliches gilt, wenn wir so einen Appell-Satz in der Bibel lesen. Es ist nicht wichtig, ob wir denken, wir könnten das (z. B. uns untereinander lieben), oder ob wir schon genau wissen, wie das geht. Wichtig ist, ob wir bereit sind, Ja zu sagen, im Vertrauen darauf, dass Gott weiß, wie das geht, und dass er uns anleiten wird.

Ich will anhand einiger Beispiele verdeutlichen, wie die praktische Umsetzung dieser Handlungsanweisungen aussehen kann bzw. wie ich sie erfahren habe.

Beispiel 1: Die tragende Gemeinschaft

„Wir aber, die wir stark sind, sollen das Unvermögen der Schwachen tragen.“ (Röm 15,1)
Ich vermute, dass jeder sofort zustimmt, dass in einer „tragenden Gemeinde“ die Starken die Schwachen mittragen sollen. Jetzt ist aber die Frage: Wie macht man das?

Stark und schwach sein
Ich erlebe immer wieder Gemeinden, die in eine Zwei-Klassen-Gesellschaft aufgeteilt sind. Da gibt es auf der einen Seite die Schwachen und auf der anderen Seite die Starken. Die Starken

sind immer stark, und die Schwachen sind immer schwach. Die Schwachen schreien immer „Hilfe", und die Starken sagen immer „Ich bin schon da". Und alle ziehen daraus ihre Identität. Die Starken brauchen die Schwachen, damit sie stark sein können in ihrer Rolle als Starke.
Aber ist das der Appell des Verses aus Römer 15? Oder sollten wir nicht daran denken, dass jeder irgendwann einmal in beiden Positionen sein kann, und das immer wieder, vielleicht jeden Tag ein paar Mal? Ich habe erlebt, dass Verantwortliche aus Gemeinden kamen, aus über 200–300 km Entfernung, und anfingen ihr Herz auszuschütten. Einer sagte: „Ich habe schon so viele Predigten gehalten, habe schon so viele Bibelarbeiten über die Vaterliebe gemacht – und plötzlich habe ich festgestellt, dass ich dem Vater noch nie begegnet bin."
Ich habe ihn gefragt, warum er deswegen jetzt zu mir komme. „Ja, ich kann das doch niemandem bei uns erzählen. Was denken die denn? Ich habe ihnen so viel davon erzählt, und jetzt müsste ich ihnen plötzlich sagen: Leute, ich bin dem Vater noch nie begegnet!"
Es war für ihn unvorstellbar, darüber in der eigenen Gemeinde oder bei Leuten in seinem näheren Umfeld zu erzählen!

Das Vertrauen, sich zu zeigen

Um eine tragende Gemeinschaft zu sein, brauchen wir Beziehungen, in denen man Vertrauen hat, wo man sich zeigen darf, wo man dem anderen etwas sagen kann, in dem Vertrauen, dass er mich ernst nimmt und wir dann gemeinsam vor Gott gehen können. Denn auch wer zeitweise vielleicht den Eindruck hat, er hätte schon alle Schritte des Glaubens hinter sich, kann plötzlich erfahren, dass etwas Wesentliches fehlt. Das kann jedem passieren, Gott sei Dank.

Warum Gott sei Dank? Weil das Fantastische daran ist, dass, wenn es uns passiert, Gott da ist und uns nicht einfach laufen lässt. Er kümmert sich darum, ihm ist es wichtig, dass wir immer wieder in die direkte Beziehung zu ihm kommen. Und so brauchen wir uns auch vor den Geschwistern nicht zu schämen, sondern können uns gegenseitig tragen und zu Vertrauen ermutigen.

Beispiel 2: Die mitfühlende Gemeinschaft

„Und wenn ein Glied leidet, so leiden alle Glieder mit, und wenn ein Glied geehrt wird, so freuen sich alle Glieder mit." (1 Kor 12,26)

Mitleiden können

In Bezug auf die mitfühlende Gemeinschaft heißt es, dass wir ein Leib sind, und wenn einer leidet, dann leiden alle anderen mit. Ich merke bei mir selbst und anderen, wie schwer das manchmal ist, richtig mitzuleiden. Man hört, dass der andere etwas hat, aber es kommt gar nicht richtig in unserem Herzen an.

Beispiel

Vor einigen Jahren, als meine eigene Mutter im Sterben lag, habe ich gemerkt, dass mein Herz nicht wirklich offen war. Ich habe gut funktioniert, ich habe alles organisiert, aber ich habe nicht mitgefühlt. In dieser Zeit habe ich 4 Mose 12 gelesen, die Geschichte von Mose, Mirjam und Aaron, als Mirjam Aussatz bekommt. Aaron sieht das und spricht sofort Mose an und sagt: „Lass sie doch nicht sterben!" Und Mose schreit sofort zu Gott hin: „Herr, heile sie!" Und ich habe gemerkt, diesen Schrei, den hatte ich nicht im Herzen.

Das Herz von Gott verändern lassen

Diesen Schrei kann man auch nicht einfach so herbeiführen. Ich lerne, damit umzugehen und zu Gott zu sagen: „Herr, ich habe diesen Schrei nicht im Herzen. Bitte, rühr du mein Herz an! Verändere mein steinernes Herz und mach ein fleischernes Herz daraus!" Und ich merke, wie ich manchmal an dieser Stelle ängstlich bin. Was passiert, wenn Gott wirklich anfängt, mir ein fleischernes Herz zu schenken? Werde ich dann ständig Schmerzen empfinden und leiden? Das ist nicht mein gewohntes Bild von mir. In der Situation mit meiner Mutter kam plötzlich in einer Gebetszeit der Schrei aus meinem Herzen: „Herr, lass sie uns noch zwei Jahre." Ich war erschrocken und dachte: „Warum habe ich zwei Jahre gesagt?" Aber es war gesagt, und Gott hat es so gemacht.

Beispiel 3: Die beziehungsreiche Gemeinschaft

Als biblisches Motto für eine beziehungsreiche Gemeinschaft sehe ich z. B. folgenden Vers aus dem Hebräerbrief: „... und lasst uns aufeinander Acht haben und anreizen zur Liebe und zu guten Werken ..." (Hebr 10,24)

Aufeinander Acht haben und sich zu guten Werken anreizen lassen

Ein wunderschöner Satz, aufeinander Acht haben, achtsam sein, aufmerksam sein füreinander, und sich anreizen zur Liebe und zu guten Werken! Ich habe jedoch lange gebraucht, diesen Appell positiv aufzufassen und umzusetzen, denn ich kenne solche Sätze von früher, als ich ein Kind war, wie sie mit erhobenem Zeigefinger gesagt wurden: „Du könntest auch mal wieder ... Muttertag steht bald an." Dieser erhobene Zeigefinger, an den denkt man regelmäßig wieder, an Weihnachten, am Geburtstag, und dann macht man „etwas Liebes", ein „gutes Werk". Doch es wird nicht wirklich zu einer Haltung der Achtsamkeit und gegenseitigen liebevollen Fürsorge.

Beispiele

Ganz anders als der erhobene Zeigefinger hat es z. B. mein Herz berührt, als eine Mitarbeiterin, die bei uns zum Essen eingeladen war, eine Blume mitbrachte. Ich fragte sie: „Was willst du denn mit der Blume?" Und sie sagte: „Ich freue mich so, dass deine Frau mich eingeladen hat, und da habe ich gedacht, ich bringe ihr eine Blume mit." Das hat mir einen Stich versetzt. Ich habe mir gedacht: „Wann habe ich zuletzt meiner Frau Blumen mitgebracht? Oder Danke gesagt, dass sie etwas gekocht hat?"

Ein anderes Mal erlebte ich den Anreiz zu guten Werken, als ich eines Morgens ins Büro kam und ein Mitarbeiter dabei war, seine Taschen auszuleeren. Er hatte Bleistifte darin und Radiergummis und Büroklammern. Und ich sagte: „Haben wir hier nicht genug davon?" Und da antwortete er: „Weißt du, ich habe festgestellt, mit der Zeit ist das alles vom Büro mit nach Hause gewandert. Jetzt habe ich mal aufgeräumt und habe gemerkt, dass das nicht in Ordnung ist." Das hat mir wieder einen Stich versetzt: „Wie gehe ich mit dem Eigentum anderer um? Achte ich auch die kleinen Dinge?“ – und ich habe mir gedacht: „Hoffentlich besucht mich niemand, bevor ich aufgeräumt habe.“

Anreiz geschieht am stärksten durch das Vorbild. Die zwei Personen in den Beispielen haben das wahrscheinlich nicht gemacht, um mich anzureizen. Das war ihnen gar nicht bewusst. Aber indem sie Dinge getan haben, die liebevoll waren, oder die etwas von einer guten Ordnung in sich hatten, waren sie Vorbilder. Und das hat etwas in mir angereizt.

Beispiel 4: Die erbauliche Gemeinschaft

„Jeder lebe so, dass er seinem Nächsten gefalle zum Guten und zur Erbauung.“ (Röm 15, 2)

Auferbauung durch Wahrhaftigkeit

Früher dachte ich immer, als Christ müsse man sich sehr anstrengen, immer ein gutes Bild abzugeben und keine Fehler zu machen, um so die anderen aufzuerbauen. Dann hörte ich eines Tages in einem Gottesdienst einen Pastor, den ich als sehr geistlich einstufte, als einen geistlichen Heavy, beinahe schon im Himmel, von dem ich glaubte, er habe alle Versuchungen bereits hinter sich und werde auch nicht mehr Gefahr laufen, jemals wieder aus Gottes Willen herauszufallen. Er schien mir so heilig, dass ich dachte, so müsste man irgendwie als Christ sein, so wäre es richtig. Und so einer stand da vorne und erzählte, wie er aktuell in einer ziemlich schwierigen Situation war. Er offenbarte seine Schwachheit – nicht resignierend und runterziehend, sondern ehrlich und hoffnungsvoll – und das hat mich auferbaut, es hat mir ein Joch von den Schultern genommen, weil es mir deutlich gemacht hat, dass es nicht darauf ankommt, perfekt zu sein.

Es kommt darauf an, dass du bereit bist, mit dem, wie du bist, offen und wahrhaftig umzugehen, in der Erwartung, dass Gott dich führt. Ich merke bis heute, wie es mein Herz berührt, mich ermutigt, stärkt, aufbaut und tröstet, wenn Menschen ehrlich über ihre Schwachpunkte erzählen, darüber, was sie nicht geschafft haben, wo es nicht so gut gelaufen ist, und darüber, wie sie Gott gesucht haben, wie Menschen ihnen geholfen haben.

Warum? Weil ich in dem Ganzen immer wieder mit meinem eigenen Herzen in Berührung komme, mit all dem, wo ich selber schwach bin, was ich natürlich nicht so gerne zugeben und wie ich auch nicht so gerne gesehen werden möchte, auch nicht von mir selber.

Diese vier Beispiele zu Aspekten einer seelsorgerlichen Gemeinde haben hoffentlich angeregt, für sich selbst und die Gemeinschaft mit anderen Menschen Impulse aufzugreifen. Damit ist natürlich nicht alles gesagt, denn ich will und kann nicht die perfekte seelsorgerliche Gemeinde beschreiben. Da lade ich vielmehr jeden ein, selbst Erfahrungen zu machen und zu lernen.

Seelsorge als Aufgabe aller Christen
Seelsorge ist nach meiner Auffassung Aufgabe aller Christen in der Gemeinschaft mit anderen Menschen. Deshalb ist jeder angesprochen, je nach seinen Gaben zu lernen und zu wachsen, damit seine Gemeinde eine seelsorgerliche Gemeinde ist.

Die Berufung aller zum seelsorgerlichen Miteinander bedeutet jedoch nicht, dass es für diesen Dienst nicht auch spezielle Berufungen gibt. Dazu jetzt noch ein paar Gedanken.

Handlungsebene 2: Leiter und Hirten

Wer ist ein Leiter oder Hirte? Ich denke natürlich an die verschiedenen Leitungsaufgaben in der Gemeinde wie Gemeindeleiter, Hauskreisleiter, Leiter der Kinderarbeit, etc. Aber ich denke auch an Eltern, die für ihre Kinder über einen langen Zeitraum Leiter und Hirten sind. Ebenso geschieht es uns in manchen Beziehungen, dass wir für eine bestimmte Zeit, manchmal Stunden, manchmal Tage oder Wochen, Leiter und Hirte im Leben eines Menschen sind.

Lehren im Sinne von Vorbild sein
Für die Leiter und Hirten sehe ich in Bezug auf Seelsorge den besonderen Dienst des Lehrens, in Liebe Weisung zu geben für einen Lebensstil in den Ordnungen Gottes.
Bei diesem Lehren denke ich nicht an einen, der mit erhobenem Finger dasteht und schon alles besser weiß, der dem anderen sagt, wie er es zu machen hat, damit er es hinkriegt, wenn er sich nur richtig anstrengt. Ich denke vielmehr an ein Lehren im Sinne von Vorbild sein.

Wir wissen aus der Pädagogik, dass Kinder vor allem durch das Vorbild lernen. Eltern können erzählen, was sie wollen – wenn es nicht übereinstimmt mit dem, was sie tun, bewirkt es eher das Gegenteil. Ich habe noch sehr deutlich die Situationen vor Augen, in denen unsere Kinder mit einem speziellen Blick auf uns Eltern die Verhaltensweisen oder Redensarten anwandten, die wir gerne nicht an ihnen sehen wollten (die wir ihnen aber augenscheinlich sehr gut vorgemacht hatten).

In Bezug auf Gastfreundschaft habe ich z. B. dieses Lehren durch Vorbild in den letzten Jahren erlebt. Ich werde immer wieder angeregt, mich selbst und unser Haus für andere zu öffnen, wenn ich mitbekomme, wie Menschen Gastfreundschaft leben. Aus meinem Elternhaus kenne ich das nicht, denn mein Vater war sehr verschlossen, er wollte eigentlich niemanden sehen und hat alles dafür getan, dass ja nichts bei uns zu Hause stattfand. Aber ich merke, wie mein eigenes Herz aufgeht, wenn ich in ein Haus komme, in dem Gastfreundschaft gelebt wird. Dies hat uns selbst, meine Frau und mich, jedes Mal neu inspiriert, selber Menschen einzuladen und ihnen Heimat zu bieten.

Handlungsebene 3: Der berufene Seelsorger

Für berufene Seelsorger möchte ich drei Aufgaben beispielhaft anführen. Sie sind für andere geistliche Väter oder Mütter, sie sind Lasten- und Hoffnungsträger.

Geistliche Elternschaft

Berufene Seelsorger können geistliche Eltern sein. Als Menschen, die schon lange Zeit im Glauben stehen, die viele Erfahrungen gemacht haben, durch tiefe, dunkle Täler gegangen sind, den Glauben bewahrt haben, sind sie Vorbild und Anlaufstelle für viele andere, die bei ihnen Trost und Stärkung finden.

Lastenträger

Berufene Seelsorger können besonders einen Dienst als Lastenträger haben. Sie lassen sich von Gott ansprechen, lassen sich von Ihm eine Last aufs Herz legen, gehen für eine spezielle Situation oder für spezielle Menschen, für eine Region, eine Stadt, eine Gemeinde, eine Familie oder für ein Land ins Gebet, so wie Gott sie führt.

Hoffnungsträger

Und dann können berufene Seelsorger Hoffnungsträger sein, und damit kommen wir vielleicht zu einer (speziellen) Vorstellung von Seelsorge, in der jemand Hoffnung für einen anderen Menschen hat, der in schwierigen Zeiten selbst nicht mehr hoffen kann.

Im Lukasevangelium, Kapitel 13, Verse 6-9, steht die Geschichte von dem Weinbauern, der in seinen Weingarten geht und den Feigenbaum sieht, der keine Frucht bringt. Er sagt zum Weingärtner: „Hack ihn ab!“ Und der Weingärtner sagt: „Lass ihn mir noch ein Jahr, ich will noch einmal um die Wurzeln graben und ihn düngen. Wenn er dann keine Frucht bringt, soll er abgehauen werden.“
Dies ist ein sehr gutes Bild dafür, Menschen zur Seite zu stehen, wenn in ihrem Leben keine Frucht zu sehen ist, und für sie die Erwartung zu bewahren, dass es doch noch möglich ist. Hoffnungsträger sein, das ist die Begleitung von Menschen in einer unfruchtbaren Zeit in der Erwartung der Frucht.

Handlungsebene 4: Der Spezialist

Der Dienst von Spezialisten (professionellen Beratern, Psychotherapeuten, Psychiatern) wird in den wenigsten Fällen direkt als Dienstbereich einer Gemeinde angeboten, muss aber im ganzen Bereich der seelsorgerlichen Dienste gesehen und entsprechend einbezogen werden.

Ich behaupte, Therapie ist ein Teilaspekt von Seelsorge. Therapie setzt an den Stellen an, wo es um spezielle Störungsbilder geht. Nehmen wir z. B. Suchtproblematiken, psychopathologische Themen wie Depressionen oder Ängste. Betroffene brauchen in der Regel für eine gewisse Zeit oder auch länger die Begleitung von jemandem, der Erfahrung mit diesen Störungsbildern hat. Gleichzeitig sollten Gemeindeseelsorger die Offenheit besitzen, nach dem Maß der eigenen Kraft weiterhin mit zu unterstützen.

Beides, der Dienst von Spezialisten und detaillierte Aspekte der Aufgabe, psychisch Kranke in der Gemeinde zu begleiten, wird nicht weiter Thema dieses Buches sein. Vielmehr ist es mein Anliegen, jetzt vertiefend auf Grundsätzliches zum seelsorgerlichen Miteinander in der Gemeinde einzugehen. Besonders ermutigen möchte ich dabei, diesen ganzen Dienst in einer erwartungsvollen, hörenden Haltung Gott gegenüber zu tun. Gott selbst ist ja derjenige, der in ungeteilter Liebe für uns sorgt und der uns deshalb anleiten kann, aus seiner Liebe füreinander zu sorgen.

Einige Aspekte seelsorgerlicher Begleitung

Was ist normal?

Der Ausgangspunkt für eine christliche Seelsorge ist für mich die Frage: Was ist normal?

Wenn ich einen Menschen begleiten will, brauche ich eine Vorstellung von dem, was normal, was heil ist. Dies ist ein sehr umfassendes Thema, und ich müsste beinahe die ganze Bibel zitieren, oder jedenfalls sehr viele Teile, aus denen deutlich wird, wie Gott den Menschen geschaffen hat, wofür er ihn bestimmt hat, was er als normal betrachtet.

Die Bedeutung von Beziehung

Ein Aspekt, den ich hervorheben will, ist die Beziehung. Gott hat uns Menschen zur Beziehung geschaffen, von Anfang an. Es fällt auf, dass es in 1 Mose 1 heißt: „Lasst uns Menschen machen." Das heißt, Gott spricht von sich und den Menschen im Plural. Wenn er sagt: „Lasst uns machen", heißt das, dass er selbst Gemeinschaft ist. Und die Menschen, die er als sein Ebenbild erschafft, sind in gleicher Weise zur Gemeinschaft geschaffen, zur Beziehung. Grundlage für alles Leben und für gute Beziehungen untereinander ist eine gute Beziehung zu Gott selbst. Gott lädt uns zu einer Vater-Kind-Beziehung ein, wir die Kinder, er der Vater.

Die Gestaltung von Beziehung

Worin drückt sich eine Beziehung in besonderer Weise aus? Dadurch, dass man Zeit miteinander verbringt und Gedanken austauscht. So wie Adam sich mit Gott vor dem Sündenfall getroffen hat, um mit ihm Austausch zu haben. Was haben die beiden wohl im Garten gemacht? Ich stelle mir vor, dass Adam erzählt hat, was er am Tag alles gefunden hat, welche neuen Tiere er entdeckt hat, welche Namen er ihnen gegeben hat. Er hat vielleicht Fragen gestellt, wie man den Garten am besten bewässert, oder wie man den Boden noch fruchtbarer machen kann. Also ganz alltägliche Themen. Natürlich hat er sich auch dann, wenn es schwierige Situationen gab, an seinen Vater im Himmel gewandt. Das ist normal.

Aus dem Neuen Testament wissen wir von Jesus, dass er nur das tat, was er den Vater tun sah (Joh 5, 19). Das bedeutet, dass er in unablässiger Beziehung zu Gott lebte. Das ist normal.

Mit Gott über alles reden, in ständigem Austausch mit ihm sein, das ist normal. Auch für uns, seitdem wir Ja zu Jesus Christus gesagt haben. Wenn wir ein Problem haben, eine Schwierigkeit, dann laufen wir zu unserem Daddy im Himmel und sagen: „Ich habe ein Problem." Er gibt uns dann die beste Lösung, die es überhaupt gibt. Und wir sagen: „Danke, Vater, das ist die beste Lösung, die es überhaupt gibt!" Und dann erleben wir, wie diese Lösung Realität wird, direkt oder durch andere Menschen, je nach dem, wie es Gott vorbereitet hat. Das ist normal. Und so machen wir das von morgens bis abends ...

Ich will zwei Beispiele für solche gelebte Normalität erzählen.

Das Erleben der normalen Beziehung zu Gott: Beispiel 1

Eine Frau besucht eine Zeltevangelisation und ist ganz begeistert von den vielen Zeugnissen, die erzählt werden. Als sie abends nach Hause geht, stellt sie plötzlich fest, etwa 100 m vom Zelt entfernt, dass sie einen Knopf verloren hat. Ärgerlich! Sie denkt an die anderen Knöpfe, die sie jetzt auch mit annähen muss, fünf Knöpfe erneuern, das findet sie sehr lästig. Da fallen ihr die Zeugnisse wieder ein, und sie sagt sich: „Wenn Gott sich um Jobs, Autos und was weiß ich alles kümmern kann, dann kann er sich auch um meinen Knopf kümmern." Sie dreht um, kommt zum Zelteingang, ein kleines Lämpchen glimmt noch, und sie sieht etwas auf der Erde blinken. Sie bückt sich, und während sie ihren Knopf hochhebt, geht das Licht aus. Und sie geht glücklich nach Hause. Das ist normal. Das ist echt normal.

Das Erleben der normalen Beziehung zu Gott: Beispiel 2

Eine andere Frau erlebt in ihrer Familie viel Zerstörung. Sie geht zum Seelsorger, sie beten und sie bekommt das Wort: „Glaube nur an den Herrn Jesus, so wirst du und dein Haus selig." (nach Apg 16,31). Und sie geht nach Hause und glaubt.

Der Bibelkreis, in dem sie ist, der glaubt mit, und sie beten mit und halten Gott sein Versprechen vor. In den folgenden vier Jahren wird alles noch viel schlimmer. Als auch noch die Ehe eines ihrer Kinder in die Brüche geht, gibt der Bibelkreis auf, und der Pastor sagt zu der Frau, so wörtlich solle sie die Bibel nicht nehmen. Aber die Frau betet: „Vater, was du gesagt hast, daran halte ich fest." Dass sie weiter vertraut und nach acht Jahren die Ehe des einen Kindes wieder in Ordnung kommt, dass nach zehn Jahren ihr Mann zum Glauben kommt, sie nach 25 Jahren auch noch erwartet, dass das andere Kind zu Jesus findet ... das ist normal.

Die Haare auf unserem Haupt sind gezählt

Beides ist normal, denn Gott kümmert sich um Knöpfe, gar keine Frage, und er kümmert sich um Familien. Er kümmert sich um unsere Haare, jedes Haar ist gezählt. Kein Haar fällt außerhalb seiner Kontrolle von unserem Kopf. Ganz klar. Und wenn das alles unter seiner Kontrolle ist, dann sind auch alle anderen Sachen unter seiner Kontrolle. Und unsere Aufgabe ist es, daran festzuhalten, zu glauben und zu vertrauen. Das ist normal.

Auch wenn nicht immer alles (sofort) so abläuft, wie wir es uns wünschen, wie wir es uns vorstellen, können wir unser Vertrauen in Gott setzen, dass er Lösungen hat, und was immer auch abläuft, das ist in seinen Liebesplan mit hineingenommen.

Die Normalität in unserem Leben?

Doch in der Regel ist keiner von uns Christen in diesem Sinn normal. Vielmehr werden wir oft nicht mit unseren Fragen zu Gott hingehen, gar nicht daran denken, ihn zu belästigen, weil wir vielleicht solche Worte wie: „Hilf dir selbst, dann hilft dir

Gott", in unserem Herzen aufgenommen haben. Wir werden also erst einmal lange selber arbeiten und dann vielleicht irgendwann auch noch Gott fragen. Oder wir denken gar nicht mehr daran, Gott zu fragen. Und einen Bruder oder eine Schwester zu fragen, kommt uns erst recht nicht in den Sinn. Es sei denn, dass die Probleme so tief gehen, dass wir schlaflose Nächte haben, dass wir psychosomatische Beschwerden bekommen und die Belastungen so stark werden, dass wir irgendwann nicht mehr alleine weiterkommen.

Seelsorgerliche Hilfen in Richtung Normalität

Dies kann eine Ausgangssituation sein, in der ein Seelsorger gefragt ist. Und als seine Aufgabe sehe ich es, dass er den anderen dann hin in Richtung Normalität führen kann, dass er ihn in seinem Vertrauen und in seiner Beziehungsfähigkeit stärkt, dass er mit ihm zu Gott geht und mit ihm fragt: „Papa, was sagst du denn zu meinen Problemen?"

Probleme benennen können

Häufig ist es so, dass man einem Menschen erst einmal dabei helfen muss, eine Sprache für sein Problem zu entwickeln. Denn viele Menschen wissen nicht, wie sie sich ausdrücken sollen, wenn sie über ihre Anliegen sprechen wollen.
Hier geschieht schon die erste Hilfe: Wenn man mit einem Menschen spricht und ihm Raum dafür gibt, dass er das ausdrücken kann, was in seinem Herzen ist, merkt er oft hinterher, dass ihm das gut getan hat und dass er mehr Klarheit darüber hat, was der nächste Schritt sein kann.

Mit Gottes Hilfe ein Wollknäuel entwirren

Aber manchmal ist es auch so, dass man den Eindruck hat, man stehe vor einem Riesenberg, alles sei wie ein Wollknäuel durcheinandergewirbelt, man wisse nicht, wo vorne und hinten sei, und einen Anfang finde man erst recht nicht.
Das Gute ist, dass wir wissen dürfen: Auch in solch einer Situation weiß Gott den Anfang, er weiß das Ende und er weiß, was zwischendrin ist, auch wenn das Ganze aussieht wie tausend Knoten. Deswegen brauchen wir uns nicht zu stressen, dass wir selbst nun herausfinden müssen, was die eigentliche Wurzel des

ganzen Problems oder was des Rätsels Lösung ist. Vielmehr geht es darum, dass wir an einem bestimmten Punkt einfach ruhig werden können, um zu Gott zu gehen und zu fragen: „Herr, wie siehst du denn die Situation? Herr, wie siehst du das Problem?" „Was ist deine Lösung? Was meinst du? Was ist der nächste Schritt?" Das ist eigentlich sehr entspannend.

Ein Beispiel

Wenn man mit einem Ratsuchenden Schritte in Richtung Normalität geht, kann es in einem Seelsorgegespräch praktisch z. B. so ablaufen:

Eine junge Frau kam zu mir, die ein bisschen schüchtern war, dabei unzufrieden mit sich und ihrem Leben. Wir beteten am Anfang des Gesprächs, und während des Gebets hatte ich das Wort „Rebellion". Ich konnte damit nicht viel anfangen, weil es das erste Gespräch mit ihr war. Ich fragte also behutsam, ob sie irgendwie mit Rebellion zu tun habe. Die Reaktion war sehr abweisend. „Was? Rebellion? Kenne ich überhaupt nicht!! Kann ich gar nichts damit anfangen!!" Ich war ziemlich verdattert und fragte mich, was jetzt passiert war. Als ich ein bisschen nachfragte, was sie an meiner Frage so aufregte, erzählte sie von einer ganzen Reihe von Situationen, die sie mit ihrem Vater erlebt hatte. Er wollte nicht, dass sie ein Mädchen war. Er wollte einen Jungen haben. Sie listete eine ganze Reihe von Situationen auf, wo er sie abgelehnt, heruntergemacht hat.

Als wir in einer Zeit der Stille mit dem, was sie erzählt hatte, noch einmal vor Gott ruhig wurden, wurde deutlich, dass die Erfahrungen mit ihrem Vater ihr jetziges Leben durchaus belasteten und dass Vergebung wichtig wäre. Ich habe ihr dies mitgeteilt, und eigentlich wäre es normal gewesen, wenn sie Ja gesagt und vergeben hätte, oder?

Denn das ist doch klar: Wenn man an einen Punkt kommt und man hat die Antwort von Gott, dann sagt man Ja. Sie sagte aber Nein.

Wir haben etwa eine Stunde gebraucht, um miteinander klarzukriegen, warum sie Nein gesagt hat.

Es stellte sich heraus, dass sie die Vorstellung hatte, Vergebung heiße zu sagen, dass das, was der andere gemacht hat, gar nicht

so schlimm war. Und das würde für sie weiter heißen: „Stell dich nicht so an!" Denn wenn das nicht so schlimm war, was ihr Vater getan hat, dann musste sie deswegen auch keine Probleme bekommen.
Als offenbar wurde, welches Verständnis von Vergebung sie hatte, konnte ich ihr erklären, dass Vergebung ganz anders abläuft. Vergebung beginnt gerade damit, dass ich hinschaue, wo der andere schuldig geworden ist. Ich mache meine Rechnung auf. Erst wenn mir bewusst ist und ich deutlich benennen kann, was ich dem anderen vorwerfe, kann ich den Schritt gehen und sagen: „Ich verzichte auf mein Recht auf Bestrafung und Wiedergutmachung."
Das war sehr wichtig für sie, und so wurde sie freigesetzt, eine Entscheidung zur Vergebung zu treffen.

Zu Entscheidungen ermutigen, aber nicht drängen

Einen Ratsuchenden in einer guten Weise zu Entscheidungen zu führen, gehört zu den wesentlichen Aufgaben eines Seelsorgers. Dafür müssen wir ihn meist erst auf einem Weg begleiten, müssen mit ihm schauen, was quer liegt, weshalb er bestimmte Lösungen nicht aufgreift. Warum lehnt er sie ab? Kann er nicht? Will er nicht? Versteht er überhaupt richtig, um was es geht, oder blockieren ihn Missverständnisse? Haben diese Missverständnisse vielleicht tiefere Wurzeln?
All dies versuche ich im Gebet zu unterstützen und erwarte Gottes Hilfe.

Ist die Entscheidung dann deutlich und der Ratsuchende bereit, sie zu treffen, werden wir gemeinsam vor Gott gehen und diese Entscheidung im Gebet festmachen.

Manchmal treffen Menschen ihre Entscheidungen sehr rasch. Ich schlage eine bestimmte Lösung vor und sie sagen „ja, ja". Früher war ich darüber begeistert. Aber leider kamen sie in der folgenden Woche wieder mit dem gleichen Problem, mit der gleichen Frage, und es hatte sich nichts geändert. Bis ich irgendwann feststellte, dass manche Ratsuchenden offensichtlich genau wussten, wie es in der Seelsorge abzulaufen hat, und wie man Ja sagt. Aber es hatte keinerlei Auswirkung auf ihr Herz.

Wir müssen also darauf achten (so weit wir das erkennen können), ob die Entscheidung, die jemand treffen will, wirklich eine Herzensentscheidung ist.

Ein Beispiel

Vielleicht noch ein Beispiel dazu, es hat auch wieder mit Vergebung zu tun und zeigt sehr deutlich, dass es nicht um ein schnelles, sondern um ein „Ja, von ganzem Herzen" geht:
Ein Mann litt unter starken Minderwertigkeitsgefühlen, so schlimm, dass er beim ersten Gespräch sagte, als er zur Tür hereinkam: „Bäh, wenn ich mich schon sehe …" Er erzählte, dass ihn in der Schulzeit ein Lehrer oft gequält hatte. Er war als Junge sehr korpulent. Dieser Sportlehrer ließ ihn ab und zu im Sportunterricht an die Ringe hängen und Klimmzüge machen. Und wenn er mit hochrotem Kopf an den Ringen hing, hat der Lehrer auf ihn gezeigt und gesagt: „Hä, hä, hä, guckt mal, dieser schlaffe Sack!" Er hat diesen Lehrer sieben Jahre lang gehabt. Und jetzt saß er da und sagte: „Ich weiß, ich weiß, ich weiß, Vergebung. Aber ich vergebe nicht. Wenn ich den Lehrer noch mal erwische, dann drehe ich ihm den Hals um."

Was macht man als Seelsorger mit einem Menschen, der so reagiert? Wir haben ein bisschen gerungen und gekämpft, ob er nicht doch vergeben könne, und er ist mit dem vagen Versprechen nach Hause gegangen: „Okay, eines Tages will ich dahin kommen, dass ich vergeben mag."

Vierzehn Tage später kam er und sagte: „Weißt du, mir ist etwas aufgefallen. Jedes Mal, wenn ich an diesen Lehrer denke und mir vorstelle, was ich mit ihm mache, dann merke ich, was für eine Power in mir hochkriecht. Das ist eine richtige Kraftquelle."
Das war mein Stichwort: Kraftquelle. Ich habe ihn gefragt: „Wer ist denn Jesus für dich?" Und da saß er in einer Zwickmühle: Jesus als seine Kraftquelle oder seine Rachsucht? Jesus als lebendige Quelle oder Rachsucht als rissige Zisterne?
Das hat ihn ordentlich ins Schwitzen gebracht. Am Ende hat er sich für Jesus entschieden. Es hat ihn etwas gekostet, aber es war klar.

An diesem Entscheidungsprozess sieht man sehr deutlich, dass es manchmal wichtig ist, mit einer Entscheidung zu warten, weil jemand noch Zeit braucht. Wie wäre dieser Ratsuchende sonst zu der Einsicht gekommen: „Da ist ein Gewinn, wenn ich nicht vergebe. Da habe ich eine Kraftquelle." Und was wäre das für eine Vergebung gewesen, wenn er sich nicht gegen seine heimliche Kraftquelle entschieden hätte?

Die Entscheidung eines anderen respektieren

Bei allen Entscheidungen ist es wichtig, dass der Seelsorger die Freiheit des Ratsuchenden achtet. Der Ratsuchende kann und darf Ja oder Nein sagen. Als Gott im Alten Testament seinem Volk mit den Geboten Segen und Fluch vorlegt, Leben und Tod, will er natürlich, dass sie das Leben wählen (5 Mose 30, 19), das ist sein Herzensanliegen, aber er lässt ihnen (und uns) die Entscheidung. Gott lässt die Möglichkeit, zum Guten auch Nein zu sagen. Und er lässt die Möglichkeit zur Umkehr.

Es fällt uns nicht leicht, wenn ein Mensch Nein sagt. Wir wissen, was das für Konsequenzen für ihn haben wird, für sein Leben und für seine Umgebung. Ich habe gemerkt, wie es mein eigenes Herz verändert, wenn ich dem anderen die Bedeutung von Ja und Nein verdeutliche und dabei mein Herz dafür öffne, dass die Sehnsucht Gottes „Wähle das Leben!", dass diese Sehnsucht, dass dieses Verlangen auch in meinem Herzen wohnt.

Mein Ziel ist, dass der Ratsuchende selbst in diese Beziehung zu Gott kommt bzw. immer mehr hineinwächst, dass er selbst hört, wie Gott zu ihm sagt: „Wähle das Leben!" Aber ich kann niemandem die Entscheidung abnehmen oder überstülpen, ich kann niemanden Huckepack in den Himmel tragen.

Jedem die eigene Verantwortung überlassen

Ich erlebe öfters, dass Menschen Glauben aus zweiter Hand leben. Sie möchten jemanden haben, der für sie betet, der für sie auf Gott hört. „Bete du mal, du hast das bessere Telefon. Wenn du betest, dann hörst du was, mach du mal! Frag doch mal, welchen Beruf ich wählen soll oder welche Frau ich heiraten soll."

Nicht, dass wir nicht füreinander beten sollen! Aber ein Ziel der Seelsorge ist, dass der Betreffende selbst in die Beziehung zu Gott kommt und in zwischenmenschlichen Beziehungen eigenständig und mündig wird. Ich möchte das noch einmal sehr deutlich sagen. Sei sehr zurückhaltend mit Ratschlägen!
Wir können dem anderen Empfehlungen geben, wir können ihn hinweisen auf Gottes Wort, wir können (und sollen manchmal) den anderen ermahnen im Blick auf das, was er tut. Aber wir können ihm niemals die Verantwortung für seine Entscheidung abnehmen.

Begegnung mit Jesus

Das zentrale Geschehen jeder Seelsorge ist die Begegnung mit Jesus, und das in konkreten Punkten und Anliegen. Denn wir glauben, dass Gott in jeder Situation gegenwärtig ist, dass er gerne seine Gegenwart offenbart und dass er gerne in unser Leben hineinwirkt. Gott hat kein größeres Anliegen, wie Eltern wird er, wenn er gerufen wird, sagen: „Hier bin ich."

Und zu seiner Bereitschaft, da zu sein für den anderen, gehört, dass wir mit seiner Kraft in Berührung kommen. In der Geschichte von der blutflüssigen Frau (Mt 9,20ff) sehen wir dies: Als sie ihn anrührt, spürt es Jesus und fragt: „Wer hat mich angerührt? Ich habe gespürt, dass Kraft von mir ausgegangen ist."
Wenn wir in Berührung mit Jesus kommen, kommen wir in Berührung mit seiner Kraft, mit seiner Liebe, mit seinem Wesen. Seelsorge führt in diese Berührung.

Fünf Krümel und zwei Fischgräten

Einen weiteren mir wichtigen Aspekt von Seelsorge (der auch diesem Buch den Titel gegeben hat) möchte ich anhand der Geschichte von der Brotvermehrung verdeutlichen. 5000 Männer, vielleicht ebenso viele Frauen, vielleicht noch mehr Kinder, sind da zusammen, um Jesus zu hören. Nach einer Zeit sind die Jünger ganz aufgeregt, denn sie denken an die Versorgung der großen Menge und sagen zu Jesus: „Schick sie weg, wir schaffen das nicht." Die Frage, die Jesus stellt, lautet: „Was habt ihr?" Und dann ist da ein Kind mit fünf Broten und zwei Fischen. Was dann passiert, kennen wir alle. Die fünf Brote und die zwei Fische reichen für alle, und am Ende ist mehr da als vorher.

Was heißt das für uns? Für die Seelsorge? Viele Menschen denken, dass Seelsorge nichts für sie ist, weil sie mit Seelsorge bestimmte Vorstellungen verbinden. Als Seelsorger muss man immer eine Antwort, eine Lösung haben. Als Seelsorger muss man sich jedem Problem stellen und am Ende muss der Mensch heil sein. Ich muss dann immer für alle Menschen da sein. Das sind Gedanken, die uns abhalten wollen, Schritte in die Normalität zu tun.
Jesus stellt die Frage: „Was hast du?" Vielleicht denkst du spontan: „Nicht einmal fünf Brote und zwei Fische! Höchstens fünf Krümel und zwei Fischgräten!" Fünf Krümel und zwei Fischgräten ist alles, was du hast? Perfekt! Denn Jesus fragt nicht: „Wo sind deine fünf Brote und zwei Fische?", sondern er fragt: „Was hast du?"

Im Epheserbrief heißt es, wir sollen uns nach dem Maß unserer Kraft dem anderen zuwenden (Eph 4). Da ist nicht die Rede davon, dass man erst fünf Jahre studieren und zehn Fernkurse und sonstige Bücher lesen muss, sondern es beginnt an dem Punkt, wo Gott fragt: „Was hast du?" An diesem Punkt sollen wir bereit sein, das, was wir haben, einzubringen.

Dass wir das, was wir haben, auch vermehren, trainieren und schulen können, ja sollen, ist eine andere Sache. Aber es beginnt damit, sich so zur Verfügung zu stellen, wie man gerade ist.

Ein Zahlenspiel: Unser Beitrag von 1 Prozent

Unser Beitrag im Dienst der Seelsorge lässt sich in folgendem Zahlenspiel veranschaulichen: 98 Prozent leistet Gott, 1 Prozent der Ratsuchende und 1 Prozent der Seelsorger. Dieses eine Prozent sollte der Seelsorger zu 90 Prozent erfüllen. (Das Zahlenspiel hinkt natürlich ein wenig, denn eigentlich müssen wir davon ausgehen, dass Gott sogar 100 % tut; aber innerhalb dieser 100 % gibt uns Gott einen Anteil Eigenverantwortung.)

Der Ausgangspunkt ist also die Gewissheit, dass Gott seinen überwältigenden, entscheidenden Anteil zum Gelingen von Seelsorge beitragen wird, dazu kommen unser Prozent und das des Ratsuchenden.
Gerade dieses Prozent Einsatz des Ratsuchenden dürfen wir nicht übersehen. Es ist ganz wichtig, dass er sich einbringt. Ich möchte noch einmal daran erinnern, dass wir sehr vorsichtig sein müssen, wenn Leute kommen und sagen: „Hilf mir!" Wir müssen wissen, wie wir damit umgehen.

Ich habe erlebt, dass Menschen, wenn man ihnen einen Auftrag für eigene Schritte gibt, sagen: „Deshalb bin ich nicht hier. Ich bin hier, dass du mich therapierst." Was ist die Haltung dahinter? Der andere gibt die Verantwortung für sich selbst an den Seelsorger ab. So ist er entlastet und kann bei fehlendem Erfolg sagen: „Was ***du*** mir da gesagt hast, hat nicht hingehauen."
Deswegen werden wir uns hüten, auf die Frage: „Sag du mir mal, was ich machen soll", mit unseren Anweisungen zu antworten.

98 Prozent leistet Gott, er selbst kann dem Ratsuchenden Impulse und Unterstützung geben. 1 Prozent trägt der Ratsuchende bei, er muss in Gottes Vorschläge einwilligen.

Nun fragen wir uns natürlich, was es mit unserem Prozentpunkt auf sich hat, vor allem, warum wir ihn zu 90 Prozent erfüllen sollen. Der Grund für diese Zahlenangabe ist, dass ich immer wieder mit Menschen in Berührung komme, die 150 % leben, handeln und arbeiten wollen, d. h. alles möglichst perfekt, überperfekt, ohne Fehler machen wollen.

Wir dürfen Fehler machen
Und ich möchte an dieser Stelle deutlich sagen: Bitte, macht viele Fehler! Ich ermutige z. B. unseren Sohn ständig, das Risiko einzugehen, Fehler zu machen, egal, ob es in Englisch ist, in Mathe oder sonst wo, auch in der Beziehung zu irgendjemandem. Was ich damit bezwecke, ist, dass ich ihm die Angst vor Fehlern nehmen will. Ich sage ihm: „Egal, wo du einen Fehler machst, du kannst daraus lernen. Wenn du dagegen versuchst,

keine Fehler zu machen oder sie nicht zugeben willst, bist du gefangen. Du bist unfrei zu handeln, wenn du ständig auf der Suche bist, Fehler zu vermeiden."

Unser 90%iger Einsatz bedeutet also die Ermutigung, entspannt zu sein und im Vertrauen auf Gott auch Fehler zu riskieren.

Übung
In Seminaren lade ich an dieser Stelle zu einer kleinen Übung ein und schlage deshalb jetzt auch eine Lesepause vor, um sich von Gott ansprechen zu lassen.

„Du darfst sein, so, wie du bist."
Das sagte ich einmal einer Ratsuchenden. Und sie schaute mich ganz erschrocken an. Ich sagte noch einmal: „Du darfst sein." Da merkte sie: „Wenn du das sagst, dann reagiert etwas in mir, das sagt, nein, das geht nicht!" Ich hatte abends noch eine Gebetszeit mit ihr und ihrem Mann, wo ich ihr das noch einmal zugesprochen habe, es direkt diesem Teil in ihr entgegengehalten habe, der sagt: „Nein, das geht nicht!" Und sie sagte mir am nächsten Tag, dass sie seit langer Zeit eine ganz ruhige Nacht verbracht hatte.

Ich selbst habe oftmals das Problem, dass ich mich nicht annehmen kann, wie ich bin, dass ich nicht so zu Gott kommen kann, wie ich bin, sondern dass ich immer den Gedanken habe, ich müsste anders sein, wenn ich zu Gott komme.

Aber wie kann ich denn zu ihm kommen, wenn ich erst eine Leistung bringen muss, irgendetwas zurechtrücken muss?
Das bewegt mich persönlich immer wieder, und immer wieder höre ich von Gott, dass ich sein darf.

Ich möchte zu einer Zeit der Stille einladen. Fünf Minuten einfach in der Stille vor Gott zu sein und zu sagen: „Vater, hier bin ich." – in dieser Gewissheit, dass Gott sagt: „Du darfst sein."

Wahrscheinlich werden wir merken, was alles in unseren Köpfen abläuft, was uns beschäftigt, welche Gedanken angeflogen kommen, wenn wir versuchen, still zu werden, nichts zu denken. Aber bei allem, was angeflogen kommt, können wir immer wieder sagen: „Vater, hier bin ich. Auch mit diesen Gedanken, auch mit diesen Gefühlen. Was immer ich vorfinde in mir, genau so siehst du mich, und genau so nimmst du mich an.“

Nimm dir Zeit, fünf Minuten einfach still zu sein:
„Vater, hier bin ich, und ich darf sein, wie ich bin.“

Orientierung im Seelsorgegespräch – Sieben Phasen

Im letzten Kapitel habe ich geschildert, was Seelsorge ist und was Aufgaben seelsorgerlicher Begleitung sind: Der Seelsorger arbeitet mit dem Ratsuchenden das Problem heraus, streckt sich zusammen mit dem Ratsuchenden zu Gott hin aus, hilft dem Ratsuchenden bei der Entscheidungsfindung und erwartet und unterstützt im Gebet den Ratsuchenden, die Hilfe Gottes zu empfangen.

Gott weckt Glaube, Liebe, Hoffnung

Dabei tut Gott das Eigentliche, er ermöglicht, dass die drei wesentlichen Wirkfaktoren – Glaube, Hoffnung, Liebe – zum Tragen kommen.

Wenn ein Ratsuchender Vertrauen bzw. Glauben in die seelsorgerliche Beziehung gewinnt, d. h. wenn er erwartet, dass Gott sie benutzt, dass diese ihm hilft, dann kann ein positiver Veränderungs- und Heilungsprozess beginnen.

Wenn ein Ratsuchender Hoffnung findet, dass sein Problem nicht unlösbar ist, dann kann ein positiver Veränderungs- und Heilungsprozess beginnen.

Wenn ein Ratsuchender sich in der seelsorgerlichen Beziehung als geliebt erlebt, dann kann ein positiver Veränderungs- und Heilungsprozess beginnen.

Seelsorger und Ratsuchender empfangen von Gott

Gott schenkt Glaube, Hoffnung und Liebe. Er tut dies einerseits direkt, andererseits durch Menschen, wenn unsere Empfangs-

fähigkeit für Gottes Zuwendung gestört ist. Wir brauchen manchmal Gottes Liebe „mit Fleisch drum herum", also den Menschen, der aus der Liebe Gottes lebt und gibt, den Seelsorger, der nicht aus dem Eigenen schöpft, sondern der sich aus der Quelle des Lebens nährt.
So sind beide, Seelsorger und Ratsuchender, Empfangende.

Eine Gesprächsstruktur als Orientierung
Wir wollen im folgenden Abschnitt nun etwas näher auf das eingehen, woran ein Seelsorger sich orientieren kann, um seinen Prozentpunkt in einen Beratungsprozess einzubringen. Dazu stelle ich eine Gesprächsstruktur vor, die wir seit Jahren bei IGNIS als Orientierung nutzen, die „Sieben Phasen des Seelsorgegesprächs" (mehr zu diesen sieben Phasen siehe: IGNIS-Werkstattblatt Nr. 28 „Die sieben Phasen des seelsorgerlichen Gesprächs").

Vorneweg soll gesagt sein, dass diese Phasen ebenso für Elemente eines einzelnen Gesprächs wie einer gesamten Begleitung von Menschen stehen. Und wenn wir von einer Struktur sprechen, dann heißt das nicht, dass man in Zukunft jedes Seelsorgegespräch auf diese Weise führen muss, sondern dass man mit dieser Struktur eine Art Kompass bekommt, einen Orientierungsrahmen, in dem man immer wieder nachschauen kann: „Wo befinden wir uns eigentlich gerade? Was könnte als nächstes dran sein?"

Folgende sieben Phasen (oder Aspekte) eines Seelsorgegesprächs sind uns wichtig geworden:
- die Phase der Vorbereitung
- die Phase der Begegnung
- die Phase der Stille vor Gott
- die Phase des Lehrdialogs
- die Phase des Gebets
- die Phase der Integration
- die Phase der Nachbereitung

Phase 1: Die Vorbereitung

Grundsätzlich geht es bei der Phase der Vorbereitung um etwas, was bereits zu unserem täglichen Leben gehört. Ich denke, immer wenn wir uns morgens auf Gott hin ausrichten, wenn wir uns besinnen, dass er der Herr ist, dass er gegenwärtig ist, dass er uns sieht, dass er Ja zu uns sagt, ist das schon Vorbereitung. Auch jede Andacht, jeder Lobpreis, jedes Bibellesen ist ein Teil dieser Vorbereitung.

Grundsätzlich vorbereitet sein

Gott hat mir in den letzten Jahren immer wieder deutlich gemacht, wie wichtig es ist, vorbereitet zu sein. Eigentlich ist es unser Normalzustand. Ob es nun nachts ist, dass wir geweckt werden von Gott, oder ob es tagsüber ist, dass wir bereit sind, von ihm gestört zu werden. Die Aufforderung, vorbereitet zu sein, durchzieht das ganze Neue Testament: „Lasst eure Lenden umgürtet sein und euer Licht brennen und seid wie diese Menschen, die, wenn der Herr kommt, bereit sind ihn zu empfangen." (Lk 12, 35f)

Die Beziehung zu Gott klären

Vorbereitung heißt, die eigene Beziehung zu Gott immer wieder zu klären. Dabei dürfen wir wissen: Er ist die ganze Zeit schon da, in der Bereitschaft zu regieren. Er wartet darauf, dass wir unsere Ohren aufmachen, unser Herz zur Verfügung stellen und ihm vertrauen.

Die Beziehung zum Ratsuchenden klären

Aber auch die Beziehung zu demjenigen, der kommen will, gilt es in der Phase der Vorbereitung zu klären.
Es gibt ja die unterschiedlichsten Menschen, die zur Seelsorge kommen. Es gibt die einen, da freuen wir uns und kochen schon den Kaffee. Und dann gibt es die anderen, bei denen sind wir nicht undankbar, wenn das Telefon klingelt und der Betreffende sagt, er könne leider nicht kommen. Das ist menschlich: Es gibt die Menschen, auf die wir uns freuen, und es gibt die Menschen, die wir segnen, wenn sie wegziehen. Doch auch wenn wir in unserem Herzen so empfinden, heißt das nicht, wir

könnten nur mit den Menschen Seelsorgegespräche führen, die uns sympathisch sind.
Aber es heißt, dass wir wahrhaftig und ehrlich mit unseren Gedanken und Gefühlen vor Gott umgehen, und dass wir unser Herz ihm geben, damit er es dafür zubereiten kann, dem betreffenden Menschen zu begegnen. Das ist eine Herausforderung!

Überraschende Gesprächssituationen

Manchmal ist die Vorbereitung zeitlich sehr eingegrenzt, z. B. wenn jemand nach dem Gottesdienst auf dich zukommt mit der Frage: „Hast du mal eine Minute Zeit?" Bei solchen Gesprächen fühlte ich mich manchmal, als gäbe mir ein anderer einen Strick in die Hand, mit der Bitte: „Hältst du mal?" Und dann stellt sich heraus, dass an diesem Strick eine Kuh hängt. Plötzlich hast du die Kuh und musst mit ihr jetzt irgendetwas machen.
Ich habe mir inzwischen angewöhnt zu sagen: „Okay, stell deine Frage, und dann entscheiden wir, was wir damit machen." Denn aus der einen Minute kann ganz schnell eine Stunde werden, wenn man nicht aufpasst. Und man muss sich innerhalb von 15 Sekunden, wenn jemand auf einen zukommt, entscheiden: Was habe ich jetzt noch vor? Welcher Braten steht zu Hause auf dem Tisch, welche Leute warten auf mich?
Nicht immer ist es so brennend, wenn jemand kommt, aber es ist wichtig, nachzufragen, wie drängend, wie wichtig es wirklich ist, und zu besprechen, wann er in welchem Rahmen Unterstützung bekommen könnte.

Vorbereitung auf ein vereinbartes Gespräch

Doch nun zu einer Begegnung, die im Voraus vereinbart ist und auf die wir uns vorbereiten können. Neben der persönlichen Ausrichtung auf Gott und der Beziehungsklärung zum Ratsuchenden geht es auch darum, sich im Voraus im Glauben stärken zu lassen, dass wir Gott vertrauen können und begründete Hoffnung für den Ratsuchenden bekommen.

Wir müssen uns klarmachen, was Gott uns anvertraut hat, und wir müssen ihm mehr glauben als allen anderen Dingen. Eine Voraussetzung dazu ist, dass wir ihn immer mehr kennenlernen, dass wir sein Wort kennen und seine Verheißungen, und dass wir daraus eine begründete Hoffnung für den Ratsuchenden schöpfen.

Beispiel

Ich erinnere mich an eine Frau, die mir in einem ersten Gespräch von ihren Zwangsgedanken erzählt hat. Als Arzthelferin war sie dafür zuständig, Rezepte auszustellen. Halbtags hat sie gearbeitet, die zweite Hälfte des Tages hat sie damit verbracht, zu kontrollieren, ob sie alles richtig gemacht hat. Und den Rest des Tages, sprich die ganze Nacht, war sie mit den Gedanken beschäftigt, was sie doch alles verkehrt gemacht hat und welche Folgen dies haben würde. Dazu kam, dass sie einen sehr großen Zorn und Hass gegen alle Menschen und auch gegen Gott hatte.

Nach diesem ersten Gespräch war ich ziemlich hoffnungslos und dachte: „Ich weiß nicht, wie ich ihr helfen soll." Als Vorbereitung für unser zweites Gespräch habe ich gebetet und Gott gefragt: „Herr, wie siehst du diese Frau?"

Da hat er mir ein Bild von einer grünen Wiese gegeben, die Sonne schien, es war Frühling, alles begann zu wachsen und zu blühen und eine junge Frau sprang über diese Wiese. Es war ein Ausdruck von Leben, von Kraft und Stärke, und ich hatte den Eindruck, dass Gott diese Frau so sieht, also total das Gegenteil von dem, was vor meinen Augen war und eine tiefe Dunkelheit um sich verbreitet hatte. Dieses Bild gab mir eine begründete Hoffnung und ich dachte: „Aha, wenn Gott diese Frau so sieht, dann will ich sie auch so sehen."

Also habe ich angefangen, die Liebe Gottes in das Leben dieser Frau hineinzusprechen, und zwar immer wieder. Die Reaktion war, dass sie jedes Mal, wenn ich ihr von der Liebe Gottes erzählte, aufsprang und anfing zu schreien: „Lüge, alles Lüge, keiner liebt mich, Sie lieben mich auch nicht!" Manchmal lief sie schreiend hinaus. Aber aufgrund dieses Bildes habe ich mich immer wieder mit ihr verabredet und habe ihr immer wieder Gottes Liebe zugesprochen. (Das heißt nicht, dass ich die ganze Zeit auf sie eingeredet hätte, nach dem Motto: Gott liebt dich, Gott liebt dich, jetzt glaub doch endlich. Ich habe diese Gewissheit der Liebe Gottes zu dieser Frau in meinem Herzen getra-

gen. Und in allen sichtbaren Unmöglichkeiten hat mich dieser Glaube bewogen, mich immer wieder neu auf diesen Menschen einzulassen.)
Nach einem halben Jahr kam sie dann und sagte, sie sei bei einem Priester gewesen, und der hätte mit ihr gebetet, und für den Bruchteil einer Sekunde hatte sie den Endruck, es könnte stimmen, dass Gott sie liebt.

Begründete Hoffnung haben

Begründete Hoffnung heißt, dass ich etwas habe, worauf ich meine Hoffnung setzen kann. Das brauche ich. Eine Hoffnung, die nicht irgendwie und irgendwo frei im Raum herumschwirrt, sondern die sich an etwas festmachen kann, was Gott gesagt hat. Ich merke, wenn ich das habe, dann kann ich auch mit Schwierigkeiten umgehen, dann kann ich sie aushalten, ertragen und überwinden. Dann habe ich auch die Möglichkeit, mit meinem Glauben einen Menschen, der keinen Glauben hat, durchzutragen.

Auch wenn wir anderen nicht deren (Glaubens-)Entscheidungen abnehmen können, so ist es doch möglich, jemanden in dunklen, hoffnungslosen Zeiten mit Gottes Hilfe durchzutragen. Ich habe es immer wieder erlebt, dass Menschen gesagt haben: „In der Zeit hatte ich überhaupt keinen Glauben mehr. Das Einzige, woran ich mich festmachen konnte, war dein Glaube." Damit ich diese Stütze sein kann, brauche ich wiederum eine begründete Hoffnung, etwas, was Gott mir für diese Beziehung zusagt, und woran ich mich selbst festhalten kann.

Vorbereitet sein

Insgesamt wünsche ich mir für meinen Dienst als Seelsorger und für die gesamte Situation einer Seelsorgebeziehung, in jedem Moment vorbereitet zu sein für das, was auf mich zukommt.
Das ist nicht so einfach, weil man ja nie weiß, was als Nächstes kommt, und die alltägliche Seelsorge unter Umständen auch darin besteht, dass du morgens zur Arbeit fahren willst und um Hilfe gebeten wirst. In Gedanken bist du schon vorneweg, da kommt die Nachbarin und sagt: „Meine Kinder sind auf dem

Weg zur Schule und haben ihr Pausenbrot vergessen, könntest du das bitte mitnehmen?" Als mir das eines Morgens passierte, hat sich alles in mir gesträubt: „Nein, nein, nein, ich muss ganz schnell weiter! Um Himmels willen, wenn ich die Kinder jetzt noch suchen muss …!" Im letzten Moment habe ich die Kurve wieder gekriegt, weil mir einfiel, dass ich doch eigentlich vorbereitet in diesen Tag gehe. Ich bin also mit den Broten losgefahren, und es war alles ganz einfach: Die Kinder liefen genau da, wo ich sie erwartet habe, ich habe sofort neben ihnen einen Parkplatz gefunden und konnte ihnen die Brote geben. Das hat mich insgesamt ein paar Minuten gekostet.

Vorbereitet sein heißt auch, eine Klarheit zu haben, dass Gott möchte, dass wir uns dem anderen zuwenden, hier und jetzt, ganz präsent sind, egal, was da und dort auf uns wartet.

Phase 2: Begegnung

(1) die Phase der Vorbereitung
(2) die Phase der Begegnung
(3) die Phase der Stille vor Gott
(4) die Phase des Lehrdialogs
(5) die Phase des Gebets
(6) die Phase der Integration
(7) die Phase der Nachbereitung

Als zweite Phase eines Seelsorgeprozesses sehen wir den Einstieg ins eigentliche Gespräch, wenn die Tür aufgeht, wenn der Betreffende auf uns zukommt, Fragen stellt und anfängt, etwas von sich zu erzählen.
Hier ist es wichtig, sich gemeinsam zu den folgenden Fragen Klarheit zu verschaffen:

- Was bringt der Ratsuchende mit?
- Wo steht der Ratsuchende?
- Was ist das Problem?
- Was will der Ratsuchende?

Was bringt der Ratsuchende mit?
Zunächst geht es um die Frage, was der Ratsuchende mitbringt. An dieser Stelle brauchen wir Geduld, denn normalerweise sind wir mit unseren Gedanken viel zu schnell, meinen schon zu wissen, was den anderen bewegt und was zu tun sei, bevor er überhaupt richtig Zeit hatte zu reden.

Wo steht der Ratsuchende?

Als Zweites müssen wir nachfragen, wo der Ratsuchende steht, in seiner persönlichen Entwicklung, in seinem Lebensumfeld, familiär, beruflich, gemeindlich, in seinem Glaubensleben. Wie sieht die Beziehung zwischen dem Ratsuchenden und Gott aus?

Was ist das Problem?

Und dann kommt als drittes die Frage, was konkret sein Problem ist. Ich habe es schon geschrieben: Die Probleme, die wir haben, sind manchmal so, dass wir sie selbst nicht mehr benennen können, oder wir trauen uns nicht, sie anzusprechen.

Beispiel

Ein Mitarbeiter von uns hat z. B. erlebt, dass er in der Vorbereitungszeit für ein Beratungsgespräch gebetet und Gott gefragt hat: „Herr, was ist denn heute dran?" Und er bekam das Wort „Essprobleme".

Dann kam die Ratsuchende und fing an, von sexuellem Missbrauch zu erzählen. Im Verlauf des Gespräches wurde deutlich, dass sie schon häufiger darüber gesprochen hatte. Auf eine Nachfrage, wie sie mit ihrem Essverhalten zurechtkomme, reagierte die Frau recht betroffen und gab zu, dass dies das eigentliche Problem war, weshalb sie gekommen war.

Es besteht immer wieder die Tendenz, das eigentliche Problem zu vermeiden. Dies geschieht oft nicht bewusst, sondern ist eine Vermeidungsreaktion, weil das eigentliche Thema in der Regel mit Schmerz, mit Scham zu tun hat, und es einen etwas kostet, da durchzudringen und davon zu berichten.

Ist uns im Rahmen eines Gesprächs in der Phase der Begegnung schließlich deutlich genug, was der Ratsuchende mitbringt, wo er steht und was sein Problem ist, müssen wir als vierten Fragenbereich auch ansprechen, was er möchte. Welche Ziele hat er für die Beratung im Ganzen und für dieses Gespräch im Speziellen? Was will er heute?

Was will der Ratsuchende?

Wir könnten denken: „Natürlich will der andere Hilfe, natürlich will er aus seinem Problem heraus, natürlich will er, dass Gott regiert in seinem Leben, natürlich will er den alten Menschen überwinden ...“

Ich habe inzwischen festgestellt, dass all dies nicht so selbstverständlich ist, und mir ist klar geworden, dass die Frage, die Jesus so oft stellt, eine große Bedeutung hat: „Was willst du, das ich dir tue?“ Oft, wenn wir diese Frage einem Ratsuchenden stellen, werden wir merken, wie viele Worte man machen kann, ohne klar zu sagen, was man will.

Die Phase der Begegnung stellt insgesamt wichtige Weichen, dass ein Seelsorgeprozess gelingen kann. Im Prinzip geht es darum, Fragen zu stellen, den Ratsuchenden zu ermutigen, dass er konkret wird, dass er bereit ist, sich durch das Chaos der Sprachlosigkeit und der Gefühlswallungen hindurchzuarbeiten, Worte zu finden für seine Befindlichkeit.

Verbale und nonverbale Kommunikation

An diesem Punkt möchte ich kurz darauf eingehen, dass Kommunikation auf mehreren Ebenen abläuft. In der Begegnung mit dem Ratsuchenden, im Austausch zwischen Seelsorger und Ratsuchendem, wird die Kommunikation von verschiedenen Aspekten geprägt: Es werden nicht nur Fragen und Lösungen auf der sprachlichen Ebene ausgetauscht, sondern es erfolgen auch Mitteilungen und Reaktionen auf der nonverbalen, nichtsprachlichen Ebene.

Wir hören nicht nur was, sondern auch wie gesprochen wird (Tonfall, Sprechweise, Lautstärke). Wir sehen die Mimik, Gestik und Körperhaltung, ebenso den Blickkontakt oder die Abwendung. Wir spüren Berührungen, achten auf Nähe und Distanz. Auch Gerüche beeinflussen uns, die einen „stehen uns zur Nase“, während wir die anderen „nicht riechen“ können.

Bei genauer Beobachtung können wir außerdem feststellen, dass Menschen auf uns reagieren, auch wenn wir sie nicht persönlich, nicht direkt ansprechen, uns nur in Gedanken mit ihnen beschäftigen. Anhand kleiner Gesten und Reaktionen können wir beobachten, dass andere manchmal mitbekommen, was in unseren Herzen vorgeht. Wir können einerseits Gottes Liebe und Seinen Frieden ausstrahlen, andererseits atmosphärische Störungen verursachen. Es ist die Botschaft unseres Herzens.

Auch die Umgebung, die Atmosphäre einer Wohnung, des Raumes, in dem ein Gespräch stattfindet, teilen etwas mit.

Kommunikationsstörungen resultieren aus Widersprüchen zwischen den angesprochenen Aspekten. Die ausgesandten Botschaften sind nicht eindeutig, und dies signalisiert mögliche Konflikte. Wenn beispielsweise dramatische Erlebnisse mit fröhlichem Lächeln erzählt werden oder herzlich eingeladene Gäste sich „links liegen gelassen" erleben, weiß man, dass irgendetwas nicht in Ordnung ist.

Wahrhaftige Kommunikation stimmt in ihren verschiedenen Aspekten überein, d. h., die verbalen und nonverbalen Aussagen stimmen mit den Herzenshaltungen überein.

Fragen stellen

Zum Thema Gesprächsführung gehört es auch, dass wir den Mut haben und es lernen, Fragen zu stellen. Wir müssen so fragen, dass wir den anderen dadurch unterstützen, in seinem Bericht, in seinem Erzählen möglichst konkret zu werden.
In einer Schulung zum Thema Gesprächsführung habe ich einmal festgestellt, dass die meisten in Gesprächen gar keine Fragen stellen, weil sie meinen, ihr Fragen würde signalisieren, dass sie die Grenzen des Ratsuchenden nicht respektieren. Sie wollen ihm nicht wehtun, keinen Konflikt heraufbeschwören. Doch als Gesprächsleiter kann und muss ich Fragen stellen, die mir wichtig und an dieser Stelle richtig erscheinen. Der Ratsuchende hat ja alle Freiheit, diese Frage zu beantworten oder nicht.

Zuhören, nicht Lösungen präsentieren

Wir können in der Phase der Begegnung sehr entspannt sein, da wir an dieser Stelle keine Ratschläge geben oder wissen müssen, wie des Rätsels Lösung am Ende aussehen wird. Das zu betonen, ist mir wichtig, weil ich von mir und von anderen weiß, dass man eigentlich von Anfang an innerlich damit kämpft, wissen zu müssen, was am Ende die Lösung sein könnte und was man dafür in der Hand hat.
Diese Angst, am Ende keine Antwort zu haben und dem Ratsuchenden sagen zu müssen, dass man nichts weiß, kann sehr bestimmend werden. Ich gebe zu, dass ich Psychologie studiert habe, weil ich dieser Situation aus dem Weg gehen wollte. Deswegen habe ich 20 Jahre lang meine Aus- und Fortbildungen gemacht und versucht, diesem Zustand zu entfliehen. Ich wollte nicht ohnmächtig und hilflos sein – bis ich festgestellt habe, dass Ohnmacht und Hilflosigkeit normal sind. Und dass diese beiden Erfahrungen die besten Gelegenheiten sind, sich Gott zuzuwenden. Denn solange ich etwas zu sagen habe, vergesse ich leicht, ihn zu fragen, solange ich mich nicht ohnmächtig und hilflos fühle, halte ich mich selbst für kompetent genug.

Weder die Angst vor Hilflosigkeit noch die Sorge um die richtige Lösung müssen uns also in der Phase der Begegnung unter Druck bringen. Wir können alle Informationen und Eindrücke ganz unbelastet aufnehmen, und das umso mehr, weil diesem ersten Begegnen eine Phase der Stille vor Gott folgen wird, in der wir gemeinsam mit dem Ratsuchenden Zeit und Raum haben, auf Gott zu hören.

3. Phase: Stille vor Gott

(1) die Phase der Vorbereitung
(2) die Phase der Begegnung
(3) die Phase der Stille vor Gott
(4) die Phase des Lehrdialogs
(5) die Phase des Gebets
(6) die Phase der Integration
(7) die Phase der Nachbereitung

Die Aufgabe dieser Phase ist es, sich für Gottes Reden zu öffnen, als Seelsorger ebenso wie als Ratsuchender. Das heißt, beide sind gefragt, beide hören auf Gott und empfangen Gottes Reden.

Auch diese Phase ist im Prinzip sehr entspannt, sobald man manche Anfangsfragen zum Thema „Gott hören“ geklärt hat und nicht mehr nervös wird, weil man selber dazu aufgefordert wird.

Wie sieht so etwas aus, Stille vor Gott, Hören auf Gott?
Wieder gilt als Erstes: Leg die Angst vor Fehlern ab! Denn Gott ist viel größer als alle Fehler, die wir machen können!

In Schulungen bilden wir zum Üben dieses Hinhörens auf Gott in einer Zeit der Stille Gruppen von drei Personen. Wechselweise werden die Rollen verteilt: Einer ist der Ratsuchende, einer der Seelsorger und einer der Begleiter, der im Stillen mitbetet und anschließend auch Feedback geben kann.

Der Ratsuchende bringt kurz eine persönliche Frage ein, die anderen beiden können nachfragen, was ihnen nicht deutlich genug wird, ohne dass sie die Situation analysieren oder kommentieren. Vielmehr werden alle drei nach kurzer Zeit einfach ruhig und legen das Gehörte (bzw. das Gesagte) Gott vor. Jeder bittet für sich in der Stille, dass Gott selbst ihm Impulse gibt, was er sagen, aufzeigen, in neuem Licht klären möchte oder welche Lösung es gibt. Nach etwa 10 Minuten tauschen Ratsuchender und Seelsorger aus, welche Impulse sie empfangen haben, und prüfen nun, was das für Konsequenzen hat.

Beispiel
Ich möchte kurz an einem Beispiel aufzeigen, wie solch ein Impuls Gottes aussehen kann: In einer Seelsorgeschulung bin ich in eine Kleingruppe gerufen worden, da Seelsorger und Ratsuchender (nach der aktuellen Rollenverteilung) sich kannten. Sie hatten schon häufiger miteinander gesprochen und gebetet, vor allem hatten sie vor etwa einem Jahr bereits gemeinsam für dasselbe Anliegen gebetet, das der Ratsuchende erneut einbrachte. Es ging um seinen Sohn, der Wachstumsstörungen hatte, sodass er nicht größer wurde und seine Haare und Zähne nicht wuchsen. Vor einem Jahr hatten sie beim Gebet den Eindruck gehabt, Gott wolle ihn heilen. Nun war ein Jahr vergangen, und nichts war geschehen. Entsprechend niedergeschlagen

war die ganze Gruppe, und, ehrlich gesagt, ich wusste auch nicht, was ich machen sollte.

Also sind wir still geworden. Und ich sah in dieser Zeit der Stille bildlich vor mir, wie dieser Mann mit seiner Familie in einem Lichtkegel steht, aber die ganze Familie schaut aus dem Lichtkegel hinaus in die Dunkelheit.
Ich dachte: „Herr, das ist in diesem Fall viel zu wenig! Um diesen Mann aus seinem Zustand der Bedrückung herauszuholen, braucht er mindestens so etwas wie einen Anruf von zu Hause, in dem seine Frau ihm mitteilt, dass ein Zahn gewachsen sei."
Aber Gott gab kein neues Bild: „Nein. Das Bild, das ist es."

So teilte ich mit ziemlich zittrigen Knien meinen Eindruck mit und fragte: „Kannst du damit etwas anfangen?" Und schon während ich dieses Bild erzählte, hellte sich das Gesicht des Vaters auf und er sagte: „Ja, das stimmt. Die ganze Zeit haben wir eigentlich auf das Problem geschaut. Wir haben gar nicht mehr auf Jesus geschaut."
Er war richtig auferbaut – und ich habe wieder einmal gemerkt, dass mein Herz viel zögerlicher, furchtsamer ist, dass es ganz andere Dinge denkt als Gott.

Gottes Reden hören und verstehen

Nun spreche ich in diesem Beispiel so ganz selbstverständlich davon, dass Gott redet, dass er durch dieses Bild zu mir spricht. Aber natürlich müssen wir noch genauer fragen: Wie geschieht das denn, dass Gott redet, und wie kann ich verstehen, was er sagt?

Mir persönlich ging es so, dass ich dachte, ich sei gut darauf vorbereitet, etwas von Gott zu hören. Denn so wie Gott mir vor Jahren bei meinem Spaziergang mit dem Bild von dem Marktplatz und den Wegen begegnet war, und ich verstanden hatte, was er sagen möchte, so etwa würde es immer ablaufen. Gott gibt ein Bild, dann kann ich ihn verstehen.

Eine weitere Form von Gottes Reden, die ich erlebte, war die Offenbarung von Bibelstellen. Wenn ich Gott in einer bestimmten Sache gefragt habe, sind mir Bibelstellen eingefallen, die mir Antwort gaben.

Ich habe mich immer etwas gewundert, wenn Leute sagten, Gott hören sei so schwierig. Bis ich eines Tages Gott gefragt habe, woran diese Schwierigkeiten liegen könnten. Da fühlte ich mich vom Heiligen Geist auf Hebräer 26, Vers 59 verwiesen. Beim Nachschlagen dachte ich, ich hätte eine falsche Bibel, denn in meiner Bibel fand ich im Hebräerbrief kein Kapitel 26. Ich habe einen Pastor gefragt, und der hat mir gesagt: „Kapitel 26? Das gibt es wirklich nicht." Ich wollte ihm nicht glauben, denn der Heilige Geist musste es wohl besser wissen. Irgendwann war ich so ärgerlich, dass ich beschloss, nie wieder auf Gott zu hören.

Doch da hat Gott mir etwas Grundsätzliches verdeutlicht: Ich hatte mich so darauf festgelegt, dass ich Gott hören konnte, indem er mir in konkreten Situationen passende Bibelstellen zeigte, dass ich es ganz versäumt hatte, täglich mit Gottes ganzem Wort vertraut zu werden. Ich hatte es mir bequem gemacht, dachte, dass ich die Bibel gar nicht zu kennen brauchte, denn der Heilige Geist würde mir immer rechtzeitig das Passende sagen. Doch Gott möchte, dass ich sein Wort kenne.
Gott hat viele Möglichkeiten, uns Impulse zu geben. Er kann sein Wort gebrauchen, wenn wir die Bibel lesen, er kann durch eine Predigt oder durch Träume sprechen, er kann auch unsere Gedanken benutzen.

Erkennen, ob ein Impuls von Gott kommt

Natürlich fragen wir uns jetzt: Woher weiß ich denn, ob ein Bild, ein Gedanke, ein Traum von mir oder von Gott kommt?

Jesus sagte: „Wenn schon ein leiblicher Vater seinen Kindern keinen Stein gibt, wenn sie ihn um Brot bitten, um wie viel mehr wird der Vater im Himmel denen Gutes geben, die ihn darum bitten." (Mt 7) Wenn wir zu Gott kommen und sagen: „Vater, hier bin ich, du hast gesagt, du gibst nur Gutes, wenn ich dich darum bitte", und wenn wir ihn dann um eine Lösung bitten, was glauben wir, was dann kommt?

Selbst wenn es aussieht wie meine Gedanken, sage ich: „Vater, wenn das alles ist, was ich habe, dann gebe ich es im Vertrauen darauf weiter, dass ich dich gebeten habe und dass du es segnest, weil ich dir vertraue."

Beispiel: Ein Impuls von Gott

Ich möchte zu diesem Hören auf Gott noch eine Geschichte aus der Anfangszeit meines Glaubens erzählen, die meinen Glauben sehr stark geprägt hat.

Ich kam aus unserer Wohnung im vierten Stock herunter und wollte in die Praxis fahren. Da stellte ich fest, dass an meinem Auto drei Reifen platt gestochen und die Antenne abgeknickt war. Ich war schon Christ und habe mir überlegt, was ich mit den Leuten mache, die mir das angetan haben. Ich habe geflucht, ich habe mir überlegt, wie ich diese Leute mit dem Messer absteche, wie ich sie lynche, wie ich sie teere und federe, wie ich sie aufhänge, wie ich sonst was mit ihnen mache. Wir haben damals in der Nähe der Hafenstraße gewohnt, nahe an der Hausbesetzerszene in Hamburg, und mir war klar, was die Polizei sagen würde: „Da können wir nichts machen." Ich hatte das schon einmal erlebt und nach drei Wochen einen vorgedruckten Bogen bekommen, auf dem stand „Verfahren eingestellt".

Ich habe also viel überlegt, wer das gewesen sein könnte, und mitten hinein in meine Vorstellungen, wie ich die Leute umbringe, kam der Gedanke „Liebe deine Feinde!" Und meine erste Reaktion war: Nein! Kurze Zeit später kam es noch einmal: „Liebe deine Feinde!" Ich wurde unruhig: „Was ist das? Wer sagt das?" Und dann kam der Gedanke: „Pass bloß auf, wenn du dich darauf einlässt!" Denn mir fielen die ganzen Textstellen ein, dass wir z. B. die zweite Meile mitgehen sollen, und meine Gedanken waren: „Wenn du dich darauf einlässt, dann kannst du das Auto ganz verschenken, dann kannst du den vierten Reifen auch noch hinrollen, dass sie den auch noch abstechen ..."

Und dann kam es zum dritten Mal: „Liebe deine Feinde!“ Da war ich weich gekocht und sagte: „Also gut, ich liebe meine Feinde.“ Doch wie liebt man seine Feinde? Innerlich sagte ich: „Ich liebe sie, ich segne sie, ich bringe sie um ...“ Das kam alles gleichzeitig, denn du kannst ja das Herz nicht abstellen. Also habe ich mich auf dem Weg in die Praxis jedes Mal wieder entschieden: „Ich liebe sie, ich segne sie ...“

Das ging drei Stunden, ich habe die Feinde geliebt und habe sie umgebracht, habe sie geliebt ... Es ist wirklich erstaunlich, was man alles zur selben Zeit machen kann. Nach drei Stunden hat es Klick gemacht, und plötzlich war Frieden da. Dann hat Gott mir aufgezeigt, was ich getan hatte. Ich hatte Leute verurteilt, hatte Vorurteile gehabt, hatte gemordet, hatte gehasst. Alles Dinge, die man nicht machen soll.

Also konnte ich erst einmal um Vergebung bitten, und dann dachte ich, jetzt bin ich durch, jetzt weiß ich, wie man Feinde liebt. Doch da hat Gott mir gesagt: „Halt! Es geht weiter. Ich werde dir zeigen, wo du noch überall deine Feinde hast.“ Dann hat er mich in Gedanken zu dem Haus geführt, wo wir wohnten. Unter den zehn Mietparteien gab es einige Leute, denen ich nicht so gern im Treppenhaus begegnet bin. Gleich kam wieder der Gedanke: „Jetzt muss ich denen vielleicht Kohlen aus dem Keller holen oder für sie einkaufen gehen.“ Ich weiß nicht, ob ihr das kennt, aber bei mir tauchen immer wieder bestimmte Sätze oder Bilder auf, was ich unbedingt machen muss, wie etwas zu sein hat.
Dann hat Gott gesagt: „Was willst du denn? Schau sie doch erst einmal an, die Leute.“ Also bin ich im Treppenhaus stehen geblieben, wenn ich etwas gehört habe, und habe geschaut, wer da kommt. Und wenn man schaut und die Leute anguckt, dann muss man ja etwas machen. Man kann nicht nur dastehen und schauen. Also habe ich „Hallo“ gesagt, und plötzlich haben die Leute auch Hallo gesagt. Und dann habe ich gemerkt, wie mein Herz sich verändert hat. Indem ich die Leute angeschaut habe und sie begrüßt habe, hat sich mein Herz verwandelt. Und aus denen, die ich als Feinde in meinem Herzen hatte, wurden Menschen, die Gott liebt.

Seitdem weiß ich, dass die Lektion noch lange nicht beendet ist, und dass es noch viele Lektionen gibt von den Feinden, die ich habe, und auf welche Art und Weise man die Feinde liebt.

Aber was ich vor allem für mich gelernt habe: Wenn Gott sagt, dass ich etwas tun soll, dann sage ich Ja, auch wenn ich noch nicht genau weiß, wie es geht. Ich vertraue ihm, dass er mich weiterführen wird.

Wie klingt Gottes Stimme?

Oft kommt nach dieser Geschichte von Teilnehmern die Frage: „Wie kannst du denn Gottes Stimme beschreiben?" Und ich muss ehrlich zugeben: Kann ich nicht. Es ist wie ein Gedanke, der kommt, ein dialogischer Gedanke, also einer, der mich anspricht. Meistens merke ich mittendrin, dass es Gott ist, der da spricht.

Gott möchte zu uns sprechen, und es ist wichtig, dass wir anfangen zu hören, auch wenn wir noch nicht genau wissen, wie das alles funktionieren wird. Gott wird uns lehren, wenn wir uns auf den Weg machen.

Praktische Übung

Ich schlage jetzt eine praktische Übung vor. Ausgangspunkt soll das Wort Jesu sein: „Wenn schon dein leiblicher Vater keinen Stein gibt, wenn du um Brot bittest, wie viel mehr wird dir dein himmlischer Vater Gutes geben, wenn du darum bittest." (Mt 7,11)

In Schulungen stelle ich dazu drei Fragen:

- Glaubt ihr, dass Gott gute Gedanken hat über euren Nachbarn?
- Glaubt ihr, dass Gott diese Gedanken gerne mitteilt?
- Glaubt ihr, dass Gott diese Gedanken gerne durch euch mitteilt?

Wenn wir all dies glauben, haben wir gute Voraussetzungen, einem anderen Menschen etwas von Gottes guten Gedanken über ihn weiterzusagen. Auch wenn den Lesern dieses Buches der direkte Nachbar, mit dem sie diese Übung durchführen könnten, fehlt, möchte ich dennoch zu dieser Übung einladen: Nimm dir fünf Minuten lang eine Auszeit vom Lesen, um für einen Menschen, den du kennst und dem du gerne etwas weitergeben möchtest, zu beten und zu fragen: „Herr, was sind deine guten Gedanken für diesen Menschen?"

Falls dir nicht gleich etwas eingefallen ist, hab keine Panik. Das heißt nicht, dass du bei einer Prüfung durchgefallen bist. Wenn wir uns in diese Richtung aufmachen, und vertrauen darauf, dass Gott uns anleitet, dann wird es geschehen. Insofern war diese Übung nur ein kleiner Ausschnitt, um mit dem Thema „Hören auf Gott" in Berührung zu kommen.
Und: Wenn in dieser kleinen Übung gute Gedanken Gottes für einen Menschen aufgetaucht sind – teil sie doch diesem Menschen mit und achte einmal auf seine Reaktion. Vielleicht fragst du auch, ob er damit etwas anfangen kann.

4. Phase: Lehrdialog

(1) die Phase der Vorbereitung
(2) die Phase der Begegnung
(3) die Phase der Stille vor Gott
(4) die Phase des Lehrdialogs
(5) die Phase des Gebets
(6) die Phase der Integration
(7) die Phase der Nachbereitung

Die Stille vor Gott war die dritte Phase. Auf dieses Stillsein und Hinhören folgt der sogenannte Lehrdialog, bei dem es wieder um einen Austausch zwischen Ratsuchendem und Seelsorger geht.

Bodenauflockerung für Gottes Wort

Damit das Wort oder der Eindruck von Gott, der gerade empfangen wurde, auch ankommt und auf gutem Boden Frucht bringen kann, bedarf es immer wieder auch der „Bodenbearbeitung" (vgl. das Gleichnis vom vierfachen Ackerboden, Lk 8).

Jeder Mensch bringt Vorerfahrungen mit, hat Bewertungen der Worte, gibt ihnen seine Bedeutung. Manche der Worte Gottes sind so vertraut, wir haben sie so oft gehört, dass sie uns gar nicht mehr berühren. Sie sind zu Worthülsen geworden und entwickeln gar keine Kraft. Wir geben nicht Raum, dass sie sich entfalten, oder wir erfassen nicht, dass Gott selbst uns in dem Wort begegnen will.

Beim Austausch über einen Eindruck von Gott müssen wir bedenken, dass ein Wort beim Ratsuchenden nicht unbedingt dasselbe auslöst wie bei uns. Wir sollten nachfragen: „Was verstehst du darunter? Was kommt bei dir an? Wie willst du reagieren?"

Beispiel
Der Mann, der Probleme mit Minderwertigkeitsgefühlen hatte, sagte z.B. im Verlauf der Seelsorge, dass er eigentlich eine absolut gute Kindheit, eine goldene Kindheit gehabt habe. Er könne sich gar nicht erklären, weshalb er so negativ über sich selbst denkt.
Als wir in einer Zeit der Stille Gott gesucht und nach der Ursache dafür gefragt haben, kam mir das Bild von einem Säugling, durch den eine Wurzel geht. Ich verstand es so, dass die Minderwertigkeitsgefühle etwas mit der Zeit vor der Geburt zu tun haben könnten. Der Ratsuchende konnte damit nichts anfangen. Er wiederholte, er habe eine absolut gute Kindheit gehabt. Mitten im Reden brach er plötzlich ab und sagte: „Meine Mutter hat mir einmal erzählt, dass mein Vater, als sie ihm sagte, dass sie schwanger sei, ganz entsetzt war. Sie haben zu der Zeit gerade in sehr beengten Verhältnissen gewohnt, und mein Vater war dabei, beruflich eine neue Existenz aufzubauen. Schwangerschaft war das Letzte, was er sich vorstellen konnte. Er hat drei Monate lang nicht mit ihr gesprochen."

Diese Erinnerung und dazu die Tatsache, dass Gott seinen Finger darauf gelegt hat, hat diesen Mann so bewegt und berührt, dass er offen dafür war, zu hören, was Gott ihm eigentlich sagen wollte: „Ich sehe dich, auch damals in dieser Zeit habe ich dich gesehen. Ich habe Ja gesagt zu dir, ich habe gesagt, du sollst leben." Diese Zusage berührte ihn sehr und setzte einen Prozess des Umdenkens in Gang.

Ratsuchenden auf ihrem Weg folgen

Ein passendes Bild für den Lehrdialog ist für mich, dass wir dem Ratsuchenden in seinem Erzählen und Denken ein Stück weit folgen (so wie Jesus den Jüngern auf dem Weg nach Emmaus gefolgt ist). Auch wenn wir sehen oder glauben, dass der Weg, den Menschen gehen, nicht gut ist, werden wir trotzdem eine Zeitlang mitgehen, bis der Zeitpunkt reif ist, dass sie entweder konfrontiert werden oder durch den Prozess, in dem sie sind, neue Einsichten kommen.

Begleitung unter Gottes Führung

Um Menschen so begleiten zu können, müssen wir als Seelsorger in Beziehung zu Gott stehen und uns letztlich von ihm leiten lassen. Ich habe Gott in einer Anbetungszeit einmal darum gebeten, dass er mir ein paar Prinzipien gibt, wie ich Menschen in seinem Sinn begleiten kann, weil ich dachte, dass es so einfacher werden würde. Ich wäre schneller entscheidungsfähig, wüsste auch in überraschenden Situationen, ob ich Ja oder Nein sagen soll.

Gott hat mir diese Bitte nicht erfüllt, mich vielmehr daran erinnert, dass er möchte, dass ich in der Beziehung zu ihm bin. Ich war sehr ärgerlich. Alle Leute, die ich kannte, hatten Prinzipien für ihr Vorgehen, und ihnen ist es so viel leichter gefallen, Entscheidungen zu treffen!

Da hat Gott mich an die Beziehung zu einem Freund in der Schulzeit erinnert. Wir beide hatten eine Beziehung, in der galt: Wenn der eine sagte, dass er den anderen brauche, dann ist der andere gekommen, egal, ob es mitten in der Nacht war, geregnet oder geschneit hat, was auch immer. Keiner hat gefragt: „Muss das jetzt sein?" Wenn der eine gesagt hat „Ich brauche dich", ist der andere sofort gekommen. Das war absolut phantastisch, so einen Freund zu haben!

Dieses Prinzip hat wirklich gut funktioniert, solange unsere Beziehung gut war. Später ist die Beziehung auseinandergegangen, aber das Prinzip war noch da. Und plötzlich wurde mir dieses Prinzip zum Joch. Ich fühlte mich immer noch verpflichtet, wenn der andere anruft, dann muss ich da hin – aber wir waren ja gar nicht mehr befreundet.

Prinzipien im Rahmen von Beziehung

Es war für mich sehr lehrreich, dass Gott so verdeutlicht hat, was passiert, wenn wir auf Prinzipien setzen statt auf Beziehung, und ich habe Ja gesagt dazu, mich vor allem auf die Beziehung einzulassen. Gleichzeitig habe ich gemerkt, wie schwer das ist, in Beziehung zu leben, immer wieder auf Gott zu schauen und zu fragen: „Herr, was meinst du? Wie soll das weitergehen? Was ist der nächste Schritt?" Das ist und bleibt schwer. Ich merke, wie oft ich mich danach sehne und ausstrecke, doch irgendwelche Prinzipien zu haben, die mir helfen, Situationen zu bewältigen.

Damit kein Irrtum aufkommt: Gott ist nicht ganz gegen Prinzipien, und ich habe natürlich einige, an denen ich mich orientiere. Aber diese Prinzipien dürfen nicht über Gott stehen, die Beziehung zu ihm ist das Eigentliche und Erste.

Achtsamkeit gegenüber dem anderen und seinen Entscheidungen

Wenn wir im Lehrdialog aus der Beziehung zu Gott heraus reden und handeln, so ist es wichtig, dass wir darauf achten, auch mit dem Ratsuchenden in Beziehung zu bleiben. Das Ziel dieser Phase ist es ja, dass der Ratsuchende zu einer Antwort auf Gottes Impulse kommt, dass seine Einsicht zu einer konkreten Entscheidung und damit zu positiven Veränderungen in seinem Leben führt.

Eine solche Entscheidung kann nur der Ratsuchende selbst treffen. Der Seelsorger kann ihm wohl raten, er kann fragen, vorschlagen, hinterfragen, motivieren …, aber die beste Entscheidung ist nicht die, die der Seelsorger für die beste hält, sondern die, die der Ratsuchende in seiner konkreten Situation erkennt, bejaht und freiwillig umsetzt. Denn wenn wir für ihn die Entscheidung fällen, hält diese nicht lange vor.

Das Hinführen zur Entscheidung beinhaltet auch die Klärung der Entscheidungsfähigkeit. Unter Umständen gilt es zu sagen: „Geh erst einmal nach Hause und überleg dir, was du willst!“ Überlege, ob du vergeben willst. Überlege, ob du Jesus nachfolgen willst. Was sind die Kosten? ... Solche Fragen sind eine Herausforderung, aber sie bereiten auf ein überzeugtes Ja (oder Nein) vor. Sonst kann es passieren, dass jemand äußerlich zwar zustimmt, im Herzen jedoch ganz anders empfindet, und eigentlich nur Ja sagt, um möglichst schnell aus der Situation herauszukommen.

5. Phase: Gebet

(1) die Phase der Vorbereitung
(2) die Phase der Begegnung
(3) die Phase der Stille vor Gott
(4) die Phase des Lehrdialogs
(5) die Phase des Gebets
(6) die Phase der Integration
(7) die Phase der Nachbereitung

Eine getroffene Entscheidung nicht nur für sich selbst oder im Gespräch mit einem anderen, sondern im Gebet vor Gott festzumachen, darum soll es jetzt gehen.

Ratsuchende zu einem offenen Reden mit Gott ermutigen

Wichtig ist hier, Ratsuchende zu ermutigen, selbst über ihre Entscheidungen zu Gott zu sprechen, die damit verbundenen Bitten, aber auch Fragen oder Anklagen selbst zu formulieren.

Wenn Menschen zu mir kommen und sich über Gott beklagen, sage ich ihnen: „Sag es ihm doch selbst! Gott ist doch Manns genug. Der hält das aus.“ Ich erinnere sie an Hiob, wie er mit Gott streitet und Gott ihm sagt, er solle nur herkommen, seine Lenden wie ein Mann gürten und darüber sprechen. Gott setzt sich gerne mit uns auseinander.

Ich erinnere auch an Jona, der vor Gott flieht, als dieser ihm einen Auftrag geben will. Als er dann doch tut, was er soll, will er anschließend zuschauen, dass das, was er angekündigt hat, auch geschieht – und wird sehr zornig, weil es nicht eintrifft. Er wirft Gott vor, dass er ja schon geahnt habe, dass Gott ein gnädiger Gott sei, und dass er deshalb erst gar nicht habe losgehen wollen. Und nun wäre er lieber tot ... Das ist ja ein Ausmaß an Frechheit, würde man sagen, an Widerstand, an Trotz, an Rebellion, aber Gott geht mit ihm, er geht auf ihn ein.

Beispiel

Ich erinnere mich an das Gespräch mit einer Frau, die sehr verzweifelt war und sich danach sehnte, dass Jesus ihr Herz erfüllt. Ich habe sie ermutigt, Jesus selbst darum zu bitten und nicht zu meinen, ich müsse das für sie tun: „Du hast die gleiche Beziehung zu Gott wie ich. Du bist genauso sein Kind, Gott hört genauso auf dich." Diese Frau hat gebetet – und die Erfahrung der Gegenwart Gottes, wie er direkt auf ihr Gebet geantwortet hat, das hat ihr für lange Zeit immer wieder Glauben und Kraft gegeben für den weiteren Prozess.

Ratsuchende segnen

Wenn in dieser Phase des Gebetes der Ratsuchende tatsächlich Ja sagt, ist dieses Ja zu einem Angebot Gottes wie ein Raumöffner. Der Raum öffnet sich, Gott kommt herein und sagt: „Dass du Ja gesagt hast, ist eigentlich schon alles, was du machen musstest, jetzt komme ich dazu und ich werde dein Ja segnen." Diesen Zuspruch Gottes werden wir in einem abschließenden Segnungsteil aufgreifen. Wir segnen den Ratsuchenden, sprechen ihm zu, dass Gott sein Ja hört und mit ihm geht.

6. Phase: Integration

(1) die Phase der Vorbereitung
(2) die Phase der Begegnung
(3) die Phase der Stille vor Gott
(4) die Phase des Lehrdialogs
(5) die Phase des Gebets
(6) die Phase der Integration
(7) die Phase der Nachbereitung

Man könnte meinen, nach der Entscheidungsfindung, dem Aussprechen vor Gott im Gebet und dem Segnen sei alles getan, was eine christliche Seelsorge ausmacht.

Entscheidungen müssen umgesetzt werden

Doch vielleicht kennt mancher auch die Erfahrung, dass er zwar äußerst motiviert und voller Glauben eine Entscheidung vor

Gott getroffen hatte, aber später zu Hause keine Ahnung hatte, was er nun konkret aus dem machen soll, was er besprochen und gebetet hat. Ich habe z. B. einer anderen Person vergeben – aber wie lässt sich meine neue Sicht, meine neue Haltung, meine neue Einstellung auch in den konkreten Alltag integrieren?

Beispiel

Mir ging es z. B. in Bezug auf ein Problem mit meiner Mutter so. Ihre erste Frage, jedes Mal, wenn ich nach Hause kam, war: „Junge, willst du nicht zum Friseur gehen?"
Es war nervig. Ich habe ihr irgendwann gesagt: „Du, sobald du diesen Satz noch einmal sagst, drehe ich sofort um und gehe wieder hinaus." Ich habe das auch ein paar Mal gemacht und bei einem Freund übernachtet. Das ging über Jahre so, auch als ich längst von zu Hause weg war. „Junge, willst du nicht zum Friseur gehen?"
Man kann sein Herz dichtmachen, völlig versteinern. Man kann die ganze Rüstung anziehen, um sich gegen diesen Satz zu wehren.
Wenn man jetzt vergeben hat, was macht man dann? Es war mir klar, dass sie beim nächsten Besuch auf die gleiche Weise agieren würde. Wie sollte ich ihr begegnen? Da kam ich auf die Idee, vor diesem Besuch zum Friseur zu gehen. Zu Hause spielte sich wirklich die gewohnte Szene ab: „Junge, willst du nicht mal zum Friseur gehen?" ... Ich saß ganz entspannt da und habe nur auf den Moment gewartet, wo sie merkt, dass die Haare schon geschnitten sind. Und irgendwann ist es ihr tatsächlich aufgefallen, und es war das letzte Mal, dass sie diesen Satz gesagt hat.

Neue Verhaltensweisen überlegen

Das ist eine Möglichkeit für Integration. Ich treffe nicht nur eine Entscheidung und bete, sondern überlege auch, wie ich mich in Zukunft in dieser oder ähnlichen Situationen verhalten werde. Ich spreche z. B. Vergebung nicht nur aus, sondern bedenke, was ich mache, wenn ich dem betreffenden Menschen wieder begegne, damit ich nicht in die Falle hineintappe, mit der alten Reaktion zu antworten.

Alte Verhaltensweisen ersetzen

Auch wenn wir uns für Neues entschieden haben, bleiben die alten Verhaltensweisen vertraut und springen als erstes an. Wenn wir dann nicht vorbereitet sind, wenn wir keine Alternativen haben, kommen wir ins Schleudern, fühlen uns hilflos, ohnmächtig. Deshalb müssen wir in der Seelsorge auch gemeinsam überlegen: Wie lässt sich eine Entscheidung im Alltag umsetzen? Wo und wann sind die kritischen Situationen? Welche neuen Verhaltensweisen müssen wir lernen und trainieren? Welche Unterstützung brauchen wir? Welche Erinnerungshilfen gibt es?

„Hausaufgaben"

Eine Hilfe sind hier „Hausaufgaben", konkrete Aufgaben wie Kurzprotokolle von jedem Tag, ermutigende Bibelverse zum Wiederholen oder ein bestimmtes Gespräch, das in den nächsten Wochen geführt werden muss.

So habe ich z. B. einem Mann, dessen Denken sehr stark negativ gefärbt war, vorgeschlagen, er solle sich jeden Abend zu Hause eine Viertelstunde hinsetzen und drei Dinge aufschreiben, für die er danken kann. Er war jemand, der grundsätzlich das Glas halb leer sah, alles war mit einem Minuszeichen versehen. Wenn die Sonne schien, war es zu heiß, wenn es regnete, war es zu nass … Eine Viertelstunde sei viel zu lange, und drei Dinge fallen ihm eh nicht ein, war seine Reaktion. Ich konnte ihn immerhin motivieren, es wenigstens einmal zu versuchen. Vierzehn Tage später kam er und sagte, als er angefangen habe zu schreiben, habe es gar kein Ende genommen. Er brachte mehrere Din-A4-Seiten mit, auf denen er notiert hatte, wofür er danken kann.

7. Phase: Die Nachbereitung

(1) die Phase der Vorbereitung
(2) die Phase der Begegnung
(3) die Phase der Stille vor Gott
(4) die Phase des Lehrdialogs
(5) die Phase des Gebets
(6) die Phase der Integration
(7) die Phase der Nachbereitung

Ein Seelsorgegespräch ist nicht damit abgeschlossen, dass der Ratsuchende wieder geht. Wir sollten uns anschließend Zeit nehmen, das Wichtigste zu notieren und den Menschen und all das, was wir gerade gehört und erlebt haben, noch einmal Gott im Gebet anzuvertrauen.

Notizen über das Gespräch

Sich Notizen machen heißt nicht unbedingt, ein genaues Protokoll zu führen, sondern es heißt, dass man Gebetseindrücke, Entscheidungen, die jemand während eines Gespräches trifft, oder Hausaufgaben notiert. Beim nächsten Treffen können wir nachfragen, was aus Einsichten und Entscheidungen geworden ist, was der andere damit erlebt hat und ob er seine Hausaufgaben umsetzen konnte.

Es geschieht oft, dass wir eine Lösung Gottes erkennen, begeistert sind ... und einen Kilometer weiter alles vergessen haben. Das passiert nicht nur in der Seelsorge, jeder von uns weiß, wie er z. B. Sonntag für Sonntag im Gottesdienst etwas erkennt, was er sich merken oder umsetzen will. Und dann geht er hinaus, begegnet Menschen, unterhält sich. Er isst zu Mittag und nachmittags ist der Gottesdienst weit entfernt.

Deshalb ist es wichtig, Ratsuchende zu fragen, wie sie mit Gesprächsergebnissen oder Entscheidungen umgegangen sind, um dann zu schauen, wo es Widerstände gab, was im Weg stand und wie wir gemeinsam weitergehen können, um diese Dinge zu überwinden.

Für all dies brauchen wir unsere Notizen.

Fürbitte

Zur Nachbereitung eines Gesprächs gehört auch die Fürbitte. Ich weiß nicht, was ihr euch spontan vorstellt, wenn ihr hört, dass ihr andere durch Fürbitte unterstützen sollt?

Ich hatte ein Buch gelesen, in dem stand, dass jemand alle Namen der Menschen, für die er Verantwortung hat, jeden Tag durchbetet. Er hat eine Liste, und jeden Abend betet er jeden einzelnen Namen durch. So muss man das machen, dachte ich, und habe mir meine Liste erstellt, 35 Namen, und habe angefangen zu beten. Ich bin immer bis zum dritten Namen gekommen, dann wurde ich müde und bin fast eingeschlafen. Also habe ich überlegt, wie ich es schaffen könnte, 35 Namen durchzubeten. Eine Lösung schien mir eine Gebetsmühle, ein Fähnchen, auf das ich alle Namen schrieb und das ich schwenkte und dabei betete: „Herr, ich bringe alle diese Menschen vor dich."

Eines Tages hat Gott mich gefragt, was ich da eigentlich mache. Ich erwiderte, dass ich die Menschen vor ihn bringe. Er fragte: Wie kommst du denn auf diese Idee? Und ich antwortete, dass ich gelesen hätte, so könne ich für alle meine Ratsuchenden beten. Da hat Gott mir erklärt, dass dies wohl für denjenigen, der das geschrieben hat, richtig sei. Für mich sei es aber anders. Ich solle bereit sein, wenn Gott mich anspricht, für den Menschen, den er mir aufs Herz legt, zu beten. Ich habe ganz schnell Ja gesagt. Das war die Erlösung von diesem Joch.

Zwei Nächte später kam der erste Impuls zur Fürbitte, es war halb drei. Ich wachte auf und hatte einen Mann aus der Kindheit vor Augen, einen, der mir sehr unsympathisch war, weil er sehr laut und sehr viel gesprochen hat und immer das letzte Wort haben musste. Wenn ich schon hörte, dass der kommt, hätte ich mich am liebsten verkrochen. Dieser Mann stand mir also vor Augen, mitten in der Nacht um halb drei, und ich merkte, dass es jetzt darum ging, für ihn zu beten. Ich wollte mich im Bett auf die Seite drehen und das schnell hinter mich bringen, spürte aber, dass ich aufstehen sollte. Sofort kamen mir Gedanken, was alles geschehen würde, wenn ich aufstehe, und wie müde ich am nächsten Tag sein werde, wenn ich jetzt eine Stunde bete. Trotzdem bin ich aufgestanden, habe angefangen zu beten, und nach vier Minuten war der Gebetsimpuls vorbei. Ich war ganz verdattert: „Was? Schon vorbei?" Ich bin wieder ins Bett und sofort eingeschlafen, alles entgegen meinen Befürchtungen. Vierzehn Tage später habe ich gehört, dass dieser Mann in dieser Nacht gestorben ist. Und das hat mich sehr berührt. Ich weiß nicht, welche Bedeutung mein Gebet hatte, aber ich bin froh, dass ich es gemacht habe.

Den Ratsuchenden und das Gespräch an Gott abgeben
Fürbitte ist ein wichtiger Dienst, aber sie darf nicht zu einem selbst auferlegten Joch werden, sodass man sich ständig mit den Menschen belastet, die man begleitet. Dazu dient auch der nächste Schritt der Nachbereitung: das Gespräch an Gott abgeben.

Ich erlebe oft, dass Seelsorger ihre Ratsuchenden auf dem Herzen tragen, mehr noch, sie tragen sie in ihren Gedanken, in ihrem Leben, sie nehmen sie mit in den Urlaub, in Gedanken natürlich. Sie sorgen sich ständig, wie es dem anderen wohl geht, und ob sie auch alles getan haben, und ob sie nicht vielleicht noch dieses oder jenes hätten machen müssen ...

Manche Ratsuchende suchen nach einem anderen, der so tut, als könne er die Verantwortung für ihr Leben übernehmen. Doch keiner hat die komplette Verantwortung für einen anderen, im Letzten ist jeder Mensch selbst verantwortlich für sein Leben, wie viel er isst und was er isst, ob er atmet oder nicht.

Wenn wir unsere fünf Krümel und zwei Fischgräten gegeben haben, d. h. die Zeit, die wir zur Verfügung haben, für die wir uns entschieden haben, dann können wir getrost alles andere Gott überlassen. Wenn wir unser Gespräch beendet haben, dürfen wir sagen: „Herr, jetzt bist du dran." Wir dürfen loslassen. Es sei denn, dass Gott sagt, er brauche uns noch einmal.

Getroffene Vereinbarungen überprüfen
An dieser Stelle möchte ich noch auf etwas hinweisen, was bereits im Vorfeld eines verabredeten Seelsorgegesprächs geklärt sein muss, und was wir in der Nachbereitung immer wieder überprüfen werden: Damit wir selbst und der andere eine Orientierung haben, was wir geben können, sollten wir am Anfang festlegen, wie viel Zeit wir haben. Nicht der andere bestimmt, wie viel Zeit er nimmt, sondern wir entscheiden, wie viel Zeit wir geben. Wenn wir darauf nicht achten, kommen wir leicht in die Rolle eines Opfers bzw. in einen sehr verwirrenden inneren Zwiespalt. Denn einerseits sehen wir uns in der edlen Aufgabe des Retters, der sich gerne für den anderen aufopfert und ihm

hilft. Andererseits merken wir, dass wir zum hilflosen Opfer werden, weil der andere uns zeitlich aussaugt.

Wenn wir eine klare Vereinbarung treffen, z. B. ein Gespräch von einer Stunde zu führen, setzt das eine Grenze, und diese Grenze kann heilsam sein. Oft sind Ratsuchende Menschen, die selbst nicht recht wissen, wie man Grenzen setzt, und die jemanden brauchen, der ihnen klare Grenzen und Regeln gibt.

Vielleicht wird der andere erstaunt sein, wenn wir nach einer Stunde das Gespräch beenden, aber wenn wir eine Verabredung getroffen haben, hilft das sehr, sich darauf zu beziehen.

Wenn wir uns so verhalten, sind wir Ratsuchenden ein Vorbild in Bezug darauf, Gestalter zu sein. Auch sie sollen lernen, in ihrem Leben Gestalter zu sein und Verantwortung für das zu übernehmen, was ihre Aufgabe ist, und diese zu tun.

Mut zur Seelsorge – Mut zu Hingabe und Wachstum

Mut zur Seelsorge – ich möchte in diesem abschließenden Kapitel darauf zurückkommen, dass dieses Buch nicht in erster Linie mit dem Anliegen geschrieben ist, spezielle Fachleute zu einem Dienst der Seelsorge zu ermutigen. Vielmehr liegt mir persönlich vor allem das Miteinander aller in einer Gemeinde am Herzen, und ich möchte dazu ermutigen, dass wir bereit und fähig sind, uns in unseren alltäglichen Belangen gegenseitig zu tragen und zu stützen. Damit bereiten wir den Boden, dass unser aller Leben immer stärker von Gottes Normalität geprägt wird. Und damit schaffen wir ein heilsames und tragfähiges Beziehungsnetz, in das dann auch spezielle seelsorgerliche Dienste der Leiter, Hirten und Spezialisten fruchtbar eingeknüpft werden können.

Zu einem seelsorgerlichen Miteinander gehört es, dass jeder von uns seinen Teil zu einer „Atmosphäre der Aufmerksamkeit" beiträgt, dass er Verantwortung für die Beziehung zum anderen übernimmt, auf Gott hört und im Sinne der gerade vorgestellten sieben Phasen eines Seelsorgegesprächs seinem Gegenüber offen zuhören, Impulse weitergeben und eigenständige Entscheidungen vor Gott fördern kann. Und dazu gehört besonders, dass jeder selbst immer mehr in die Normalität des Lebens mit Gott hineinwächst.

Von all dem, was sich in diesem Wachstum entwickelt, möchte ich abschließend einige Aspekte herausgreifen, die mir für das seelsorgerliche Miteinander wichtig sind:

- Egal, wie erfahren oder reif jemand als Seelsorger ist, er steht vor Gott doch immer auf derselben Stufe mit denjenigen, die bei ihm Rat suchen.
- Seelsorge hat mit Hingabe zu tun, eine Hingabe an den anderen, in der Gott mich hält und führt.
- Und außerdem will ich als Seelsorger ein Zeugnis von Gottes Gerechtigkeit sein.

Ratsuchende und Seelsorger stehen vor Gott auf einer Stufe

Der Ausgangspunkt unseres Miteinanders ist, dass Gottes Liebe zu allen von uns so groß ist, egal, ob wir gerade nach seelsorgerlicher Hilfe fragen oder ob wir sie geben wollen. Nicht die Vollkommenheit macht den einen zum Seelsorger, und die Unvollkommenheit den anderen zum Ratsuchenden. Vor Gott stehen wir alle auf einer Stufe, nicht perfekt, aber gerecht aus Gnade. Derjenige, der sagt: „Hier bin ich“, und seine fünf Krümel und zwei Fischgräten einbringt, der darf damit rechnen, dass Gott für diese Beziehung, für diese Begegnung, alles gibt, was es braucht.

Beispiel

Es kann dabei auch vorkommen, dass Gott denjenigen, der um Rat gefragt wurde, selbst anspricht. Ich habe das während eines Gesprächs erlebt. Etwas tauchte in meinem Herzen auf, und ich merkte, es hat mit mir zu tun. Innerlich habe ich zu Gott gesagt: „Okay, Herr, nachher, wenn der Ratsuchende gegangen ist.“ Aber Gott wollte es gleich mit mir klären. Ich war etwas verdattert, denn jetzt war doch ein anderer der Ratsuchende, ich war der Seelsorger. Wie sollte er verstehen, wenn ich ihm sagte, er solle erst einmal mir zuhören? Schließlich war er gekommen, weil er ein Problem hatte. Aber Gott ließ nicht locker, so lange, bis ich zu dem Ratsuchenden sagte: „Mir wird da gerade etwas deutlich, kannst du mir kurz zuhören und für mich beten?“
Er war wirklich recht überrascht. Doch als wir gebetet hatten, sagte er, jetzt könne er nach Hause gehen. Denn sein Hauptproblem war, dass er immer dachte, Gott könne mit ihm nichts anfangen, aber solche Leute wie mich, die könne er gebrauchen.

Die eigenen fünf Krümel und zwei Fischgräten einsetzen

Wie Gott einen Ratsuchenden erreicht, wie er sein Herz anrührt, wie er ihn überführt und letztlich seine Liebe mitteilt, scheitert manchmal an unserem Widerstand, weil wir eine Vorstellung haben, wie es zu sein hat, und nicht zulassen, dass Gott es besser weiß. Doch es geht nicht darum, dass wir perfekt vor dem anderen erscheinen, sondern um die Bereitschaft zum persönlichen Wachstum und um den Mut, unsere Talente, Gaben und Fähigkeiten einzusetzen, heute anzufangen und zu sagen: „Herr, hier bin ich."

Hingabe an den anderen

Sich in dieser Art im Vertrauen auf Gott für den anderen und seine Not zu öffnen, das Herz aufzumachen, auch den Schmerz Gottes aufzunehmen, sich von ihm anrühren zu lassen, fällt nicht immer leicht. Ich merke oft, dass ich eher aussortiere: Auf was lasse ich mich ein und auf was lasse ich mich nicht ein? Es erfordert manchmal einige Überwindung, trotz persönlicher Widerstände, vielleicht auch dem Ratsuchenden gegenüber, dennoch zu sagen: „Herr, ich möchte ihn sehen, wie du ihn siehst. Ich möchte hier sein, möchte offen sein für das, was du vorbereitet hast, für diese Zeit, für unser Miteinander."

Sich hingeben, den anderen annehmen, den anderen höher achten als sich selbst, ihn lieben, ihn verstehen wollen, das ist unsere ständige Aufgabe, nicht nur in der Seelsorge, auch im Hauskreis und überall. Doch was heißt es genau, sich für andere hinzugeben?

Beispiel

Eines Tages hatte ich ein Gespräch mit einem jungen Mann vor einer Schulung verabredet. Ich war spät dran, ärgerte mich schon, dass ich den Termin abgemacht hatte, und so mitten im Ärger kam der Gedanke: „Bist du bereit, dein Leben hinzugeben für ihn?" Mein erster Impuls war: „Nein, für den nicht." Kurze Zeit später kam der Gedanke wieder, und ich wurde unruhig: „Was wird denn jetzt passieren? Soll ich für ihn sterben?" Als die Frage zum dritten Mal sehr deutlich auftauchte, habe

ich schließlich Ja gesagt, denn ich wusste, dass Gott hinter der Frage steht.
Das Erste, was mir auf der Fahrt passierte: Ich wurde von der Polizei angehalten, weil ich zu schnell gefahren war, und zwar von einem Polizisten, der sich freute, einen Psychologen gefangen zu haben. „Aha, ein Herr Psychologe." Er hat das so richtig ausgekostet. Und ich hatte auch noch den Wagen meiner Mutter, mit dem ich fuhr. „Aha, das Auto von der Mama." Dann hat er mich gefragt: „Was haben Sie denn vor? Wo wollen Sie denn hin?" Als ich ihm erzählte, dass ich zu einer Schulung in einer Gemeinde unterwegs sei, merkte ich plötzlich, wie er sich veränderte und wissen wollte, was für eine Art Schulung es sei. Ich sagte, es gehe um Christliche Psychologie, und habe ein bisschen davon erzählt. Er wurde immer weicher und sanfter und sagte am Ende: „Es tut mir leid, aber ganz ohne Bußgeld kann ich Sie nicht laufen lassen. Wir haben ja eine Videoaufnahme gemacht. Aber wenn meine Kollegen Sie gefasst hätten, dann wären Sie Ihren Führerschein los ..." Dann hat er mir den kürzesten Weg zur Gemeinde gezeigt, hat sich noch Prospekte mitgeben lassen, und ich kam zur Gemeinde, zu meinem Gespräch mit dem jungen Mann, der schon wartete.
Es war das kürzeste Gespräch, das wir jemals hatten. Am Ende der Schulung dachte ich, ich müsste ihn jetzt unter Umständen mit nach Hause nehmen, denn „sein Leben hingeben" heißt doch, jemanden mit nach Hause nehmen, ihn für den Rest seines Lebens bei sich wohnen zu lassen, oder so etwas Ähnliches. Als ich mich nach ihm umschaute, war er schon weg, war in seine eigene Wohnung gegangen. Ich war reichlich irritiert, weil alle meine Vorstellungen nicht eingetroffen waren, und fragte: „Herr, was sollte das eigentlich? Wo ging es denn darum, mein Leben hinzugeben?" Und ich hatte den Eindruck, dass Gott mir antwortete: „Weißt du, Leben hingeben heißt, dass du mir dein Leben hingibst, damit ich etwas daraus mache. Alle deine Vorstellungen und Gedanken, wie das zu sein hat oder wie etwas ausgehen könnte, darfst du dabei mir überlassen."

Ich kann nicht behaupten, dass ich mich seit dieser Erfahrung immer begeistert und ohne Sorge um mein Wohlergehen für andere hingebe, aber ich übe mich darin, Gott zu fragen, was in einer konkreten Situation Hingabe bedeutet. Und ich erlebe, wie Gott für den anderen ebenso wie für mich sorgt.

Ein Zeugnis von Gottes Gerechtigkeit sein

Die Hingabe an den anderen ist für mich auch stark von dem geprägt, was ich als einen dritten Aspekt des seelsorgerlichen Miteinanders betonen möchte: Wir sollen in unseren Beziehungen ein Zeugnis von Gottes Gerechtigkeit sein.
Darunter verstehe ich, dass ich einem Menschen in dem Bewusstsein begegne, dass jeder, absolut jeder, egal, was er in der Vergangenheit getan hat, heute tut oder morgen tun wird, mit in den Liebesplan Gottes hineingenommen ist. Jesus Christus ist für jeden Menschen gestorben und hat für ihn alles getan und ihm alles geschenkt, „was er im Leben und zur Frömmigkeit braucht" (2 Petr 1, 3). Die einzige Frage ist, ob der andere seine Hand ausstreckt und das annimmt.

Wenn ich einem Menschen begegne, dann sollte mir dieses Bild vor Augen stehen: Egal, wer der andere ist und was er mitbringt, Jesus ist dafür eingetreten, und zwar bedingungslos. Deshalb braucht dieser Mensch nicht erst etwas zu leisten, um die Gegenwart Gottes zu erleben. Er ist bedingungslos geliebt, so wie er ist. Das heißt nicht, dass er so weitermachen soll wie vorher. Aber er darf kommen, wie er ist, das ist die Grundlage für Veränderung. Er darf wissen, dass Gott ihm sagt: „Du darfst sein." Denn Gottes Gerechtigkeit ist aus Gnade durch Glauben. Auf diese Gnade muss ich nicht ständig warten. Sie ist bereits geschenkt, sie ist schon da, sie ist gegeben. Sie wartet darauf, dass wir sie ergreifen.

Um anderen in dieser Weise begegnen und Zeugnis von Gottes Gerechtigkeit sein zu können, sollten wir uns regelmäßig einige selbstkritische Fragen über uns selbst, unsere Reaktion auf Ratsuchende und unsere Reaktion auf bestimmte Gesprächsinhalte stellen. So lässt es sich leichter vermeiden, in typische Fallen zu tapsen, die eine von Gottes Liebe getragene Beziehung zerstören.

Wichtige Fragen zur Selbstreflexion
In Bezug auf uns selbst müssen wir uns z. B. fragen: Wie wichtig ist es mir, wie die anderen über mich denken? Orientiere ich mich in Gesprächen daran, dass ein Ratsuchender am Schluss möglichst begeistert hinausgeht und dann der ganzen Gemeinde erzählen kann, was ich für ein toller Seelsorger bin? Habe ich Menschenfurcht und suche „Erfolge“, um mich zu beweisen?

Oder wie sehr bestimmt mich die Angst vor Hilflosigkeit? Will ich den Moment vermeiden, wo ich sagen müsste, dass ich nichts weiß, und weiche deshalb bestimmten Anfragen aus oder gebe mich äußerlich besonders stark und mache dem anderen Druck ?

Wie sieht es mit meiner Geduld aus? Kann ich es aushalten, wenn bei einem Menschen nicht innerhalb der ersten drei Wochen etwas zu sehen ist? Oder bin ich wie die Leute, die es nicht abwarten können, dass die Radieschen endlich wachsen? Sie fangen an, daran zu zupfen, wenn die ersten Blättchen erscheinen, und bald haben sie das kleine Pflänzchen in der Hand, aus dem dann nie mehr ein Radieschen werden kann. Dasselbe kann uns auch in geistlichen Prozessen passieren. Aus Ungeduld reißen wir heraus, was gerade anfängt zu wachsen, trampeln es nieder. Oftmals erlebe ich auch, dass die Mitglieder in der Gemeinde kritisch nachfragen, wenn jemand längere Zeit zu Gesprächen kommt: „Was, das läuft jetzt schon drei Wochen und er ist noch immer nicht geheilt!“ Dabei ist es für Veränderungen so wichtig, dass ein Raum geschaffen wird, in dem sich wirklich Vertrauen entwickeln kann, und das braucht Zeit.

Eine weitere selbstkritische Frage muss lauten: Wie sehr neige ich dazu, „schnell zum Reden“ zu sein? Warte ich, wenn ein Ratsuchender erzählt, nur darauf, dass er eine Pause macht, damit ich endlich loslegen kann? Denn eigentlich bräuchte er gar nichts zu erzählen – ich weiß doch längst, was zu tun ist. Muss ich also darauf achten, ein Stopp einzulegen, den Mund zu halten und erst einmal fertig zuzuhören? Kann ich darauf vertrauen, dass es gut ist zuzuhören, und habe ich die Ruhe, vor meiner Antwort noch auf das zu hören, was Gott sagen will?

Wichtige Fragen zu meinen Reaktionen auf Ratsuchende

Wenn ich an die Begegnung mit einem konkreten Menschen denke, ist eine wichtige Frage: Was beeinflusst mich in meiner Meinung über ihn, in meiner Haltung zu ihm? Es gibt bestimmte Menschentypen, die mir vertraut sind, andere wiederum weniger. Es gibt bestimmte Menschengruppen, auf die ich gerne zugehe und die mir sympathisch sind, und andere, um die ich (unbewusst oder bewusst) einen Bogen mache. Und das beeinflusst mich auch in der Seelsorge. Jemand kommt auf mich zu, spontan ordne ich ihn einem Typ, einer Gruppe zu, und mit einem Schlag habe ich ihn schon auf bestimmte Eigenschaften, Muster und Problembereiche festgenagelt.
Oder Menschen erinnern mich an andere, an Tante, Onkel, Vater, Mutter, Lehrer aus der Vergangenheit. Die Art und Weise, wie jemand mit dem Finger schnippt, spricht oder sich hinsetzt, kann auslösen, dass ich auf ihn so reagiere wie auf ähnliche Personen aus meinem Umfeld.

Ob mir jemand sympathisch ist oder unsympathisch, beides wird mich im Gespräch beeinflussen. Wenn er mir sympathisch ist, fällt es mir z. B. leichter, für ihn Hoffnung zu haben, während ich bei einem anderen, der mir nicht so sympathisch ist, schneller aufgebe oder ihm Schuld zuweise.

Der entscheidende Punkt ist, dass ich wahrnehme, welche Reaktion in meinem Herzen ist. Dann kann ich dies zu Gott bringen und sagen: Herr, das ist meine Herzensreaktion, und ich bitte dich, mache du mich frei, dass ich diesem Menschen mit deiner Liebe begegne, dass ich ihn mit deinen Augen sehe.

„Meine Brüder, habet den Glauben Jesu Christi, unseres Herrn der Herrlichkeit, ohne Ansehen der Person! Denn wenn in eure Synagoge ein Mann kommt mit goldenem Ring, in prächtigem Kleid, es kommt aber auch ein Armer in unsauberem Kleid herein, ihr seht aber auf den, der das prächtige Kleid trägt, und sprecht: Setze du dich bequem hierher! und sprecht zu dem Armen: Stehe du dort, oder setze dich unten an meinen Fußschemel! – habt ihr nicht unter euch selbst einen Unterschied gemacht und seid Richter mit bösen Gedanken geworden? Hört, meine geliebten Brüder: Hat nicht Gott die vor der Welt Armen auserwählt, reich im Glauben und Erben des Reiches zu sein, das er denen verheißen hat, die ihn lieben." (Jak 2, 1-5)

Wichtige Fragen zu Reaktionen auf Gesprächsinhalte
Eine wichtige Frage in Bezug auf Gesprächsinhalte, die Ratsuchende erzählen, lautet: Wie stehe ich selbst zu diesem Thema? Kenne ich es aus meinem eigenen Leben? Bin ich selbst von dieser Problematik betroffen?
Falls jemand merkt, dass er als Seelsorger aktuell vor einer ganz ähnlichen Frage steht wie der Ratsuchende, muss er prüfen, ob er wahrhaftig damit umgehen kann und ob er genügend Distanz hat, für den anderen eine Hilfe zu sein.

Sensibel müssen wir auch sein, nicht in falscher Weise für die Sichtweise eines Ratsuchenden Partei zu ergreifen. Wenn jemand kommt und erzählt mir z. B. eine persönliche Schilderung seiner Lebensgeschichte oder seiner Schwierigkeiten in der Ehe, werde ich mich fragen: Kann ich seine Sicht als seine subjektive Wahrheit aufnehmen und stehen lassen? Oder spüre ich, dass ich mich in seine Verurteilungen und Schuldzuweisungen an Eltern, Bezugspersonen oder den Partner mit hineinziehen lasse?

Eine weitere Frage kann persönliche, private Bewertungen betreffen. Bei jedem Problem, das uns genannt wird, werden wir in irgendeiner Weise abstufen. Es gibt Probleme, die sind für uns so banal, dass wir uns fragen, wieso jemand überhaupt damit kommt. Es gibt andere Probleme, die haben für uns eine sehr große Bedeutung, obwohl der andere sie eher beiläufig erwähnt, und wir denken: „Um Himmels willen, wie kann ein Mensch so handeln, so reagieren!"
Wie reagiere ich innerlich, wenn ein Mann, Mitte 50, in der Seelsorge betroffen davon erzählt, dass er seinem besten Freund mit zehn Jahren eine Briefmarke geklaut hat? Bin ich geschockt? Oder wiegele ich ab (das hat doch jeder so gemacht ...)? Oder versuche ich zu verstehen, was ihn daran jetzt bewegt, und kann ich ihm begegnen, wie Gott ihm begegnet?

Das ist die Herausforderung als Seelsorger, dass wir dem anderen als Zeugnis von Gottes Gerechtigkeit begegnen und ihn durch die Art, wie wir ihm begegnen, in dem Stand fördern, den er bereits hat als jemand, der in Christus gerecht ist. Wir tun dies, damit der Bereich, warum er die Seelsorge aufgesucht hat, davon durchdrungen werden kann.

Es ist nie zu spät, sich für andere zu öffnen
All die genannten Fragen zur Reflexion über sich selbst, die Reaktion auf Ratsuchende und auf das, was sie erzählen, sollen helfen, dass wir in der Begleitung anderer wachsam sind und auch an möglichen Fehlern wachsen. Wenn jemand nun doch noch fragt, ob er es wagen könne, sich in dieser Weise seelsorgerlich in seinem Umfeld einzubringen, oder wenn jemand meint, auf ihn käme es nicht so an, oder in seinem Umfeld sei alles schon zu sehr verfahren, dann möchte ich mit einer letzten Erfahrung Hoffnung machen, dass es nie zu spät ist, sich für andere zu öffnen, und dass dies positive Auswirkungen haben wird.

Vor einigen Jahren schüttete mir ein Mann, 71 Jahre alt, sein Herz aus und erzählte, dass er eigentlich zeit seines Lebens für die Familie nur Versorger war. Er habe gearbeitet und Geld verdient. Beziehungsfragen habe er grundsätzlich an seine Frau weitergegeben. Wenn seine Kinder kamen, hat er gesagt: „Geht zur Mama." Mit 71 Jahren ist ihm schließlich aufgefallen, wie beziehungsarm er war. Und er hat damals eine Entscheidung getroffen: „Ich sage jetzt Ja zu meiner Verantwortung als Mann, als Ehemann und als Vater."
Drei Monate später rief er mich an und erzählte: „Du glaubst gar nicht, was in meinem Leben los ist. So viel gebetet habe ich noch nie." Ich habe nachgefragt, was denn passiert sei. „Weißt du", antwortete er, „früher bin ich immer abgehauen, wenn es um Beziehung ging, jetzt bleibe ich stehen. Wenn jetzt ein Kind zu mir kommt – und die kommen tatsächlich noch! –, bleibe ich stehen und höre zu. Oft merke ich, dass ich hilflos bin. Und jetzt muss ich beten wie ein Weltmeister!"
Einige Jahre später habe ich mit einer seiner Töchter gesprochen, und sie sagte, es sei so gewaltig, was sich da verändert

habe. Es hat mich sehr berührt, dass jemand mit 71 Jahren anfangen kann, seinen Platz einzunehmen, den er jahrzehntelang nicht eingenommen hat, und wie das Auswirkung auf die ganze Familie hat.

Unsere Identität in Christus – Gestalter sein

Vielleicht merken Sie nach diesen Seiten immer noch den Anspruch, dass das Gelesene wohl nicht alles sein kann. Irgendwie muss ich als Mensch noch mehr vorkommen. So einfach kann man sich das doch nicht machen: Gott allein macht alles aus ein paar Fischgräten und Krümeln.
Sie haben recht.
Es geht nicht darum, dass wir es uns einfach machen, sondern dass wir aus den gewohnten Denk- und Handlungsbahnen heraustreten. Ja sagen zu Gottes Weisung. Ohne zu wissen, wie es geht. Aber in dem tiefen Vertrauen, dass Gott weiß, wie es geht. Und dass er zeigt, wie es geht.

David ist uns da ein absolut gutes Vorbild. In 1 Sam 30,6 heißt es: Und David stärkte sich in dem Herrn.
Wenn wir uns den Kontext dieser Geschichte anschauen, sehen wir die Flucht Davids aus Jerusalem, seine Zuflucht bei den Philistern, die Zurückweisung von Seiten der Philister, als er mit ihnen in den Krieg gegen Israel ziehen will. Bei der Rückkehr finden sie ihre Häuser zerstört, Frauen und Kinder sind entführt. Davids Männer stellen sich gegen ihn und wollen ihn steinigen. Da heißt es dann einfach: „Und David stärkte sich in dem Herrn."
Kein Gedanke von Selbstmitleid. (Ich armes Schwein, womit habe ich das verdient?)
Keine Anklage gegen Gott. (Du bist unfair!)

Wie macht er das? Ich stelle mir vor, wie in dieser Situation Psalm 27 entsteht. „Der Herr ist mein Licht und mein Heil, vor wem sollte ich mich fürchten, der Herr ist meines Lebens Kraft, vor wem sollte mir grauen."

Danach fragt er Gott, wie es weitergeht, und Gott offenbart ihm, dass er Frauen und Kinder zurückholen soll. Nur die Hälfte der Männer geht mit David, die anderen sind zu müde. Sie holen Frauen und Kinder zurück und machen Beute. Die Männer wollen die Daheimgebliebenen nicht an der Beute teilhaben lassen, aber David sagt: So soll es bei uns nicht sein. Jeder bekommt Anteil an der Beute.
Kein Gedanke der Rache.

Können Sie sich das vorstellen? Wohl nur schwer. Und doch ist dies die Identität, zu der Gott uns berufen hat. Gestalter sein. Nicht Opfer oder Täter. Nicht Armes Schwein oder beißender Hund. Ein Gestalter, der inmitten von Umständen und Bedingungen die Orientierung behält und weiß: Keine Situation ist außerhalb der Kontrolle Gottes. Und das gibt mir den Mut, den Blick immer wieder auf den zu richten, von dem die Hilfe kommt: Jesus Christus.

Wenn Sie sich die Geschichte des Mannes anschauen, der mit 71 Jahren innehält und Ja sagt zu seiner Identität als (Ehe-) Mann und als Vater – hier beginnt ein neuer Abschnitt seiner Gestalteridentität.

Egal, wo Sie sich gerade auf Ihrem Glaubensweg befinden. Sie können jetzt sagen: „Hier bin ich“, und Ihr Weg bekommt eine neue Richtung …

IGNIS stellt sich vor

IGNIS-Akademie
für Christliche Psychologie

Seit der Gründung von IGNIS, 1986, bewegt uns ein zentrales Anliegen:

- Wie können wir die heilende und helfende Gegenwart Gottes in den theoretischen wie praktischen Feldern der Psychologie deutlich machen?
- Wie dort das Evangelium von Jesus Christus leben und vermitteln?

Nach 20 Jahren intensiven Arbeitens sind die Fragen die gleichen geblieben:

- Wie sieht ein biblisches Menschen- und Weltbild aus?
- Wie lassen sich darauf eine Christliche Therapie, Erziehung usw. aufbauen?
- Welche Rolle spielen säkulare Modelle der Psychologie?
- Wie spielen persönliche Fähigkeiten und Kenntnisse und das freie Wirken des Heiligen Geistes zusammen?
- Wie können christliche Gemeinden, Einrichtungen und Familien zu Orten der Hilfe und Heilung werden?
- Und, wie können wir überhaupt als Christ in dieser Welt leben?

Die Antworten dagegen sind differenzierter geworden, aufgrund des internen wie externen Dialogs und vieler praktischer Erfahrungen.

Was wir gelernt haben, geben wir in Schulungen, Seminaren, Ausbildungskursen und Publikationen an Fachleute wie Laienhelfer weiter.

Mit der Gründung der IGNIS-Akademie für Christliche Psychologie (IACP) 1992 wurde das Wirkungsfeld entscheidend erweitert und mehr Raum für wissenschaftliches Arbeiten geschaffen. Seitdem kann in einem vierjährigen Vollzeitstudium Christliche Psychologie studiert werden.

IGNIS arbeitet dabei mit Gruppierungen und Gemeinden aus allen Groß- und Freikirchen zusammen. Unsere Seminarteilnehmer wie die Mitarbeiter haben unterschiedliche konfessionelle Hintergründe und kommen aus allen Berufszweigen, vornehmlich des psychosozialen Arbeitsfeldes.

Leitende Mitarbeiter von IGNIS sind in überregionalen Leitungsgremien verschiedener geistlicher Aufbrüche unseres Landes engagiert. Daneben haben sich zahlreiche internationale Kontakte und Kooperationen entwickelt.

Was gibt es bei IGNIS?

- Das Basisjahr Christliche Psychologie
- Berufsbegleitende Ausbildung zum Christlichen Berater
- Studium der Christlichen Psychologie an der IGNIS-Akademie
- Regionale und überregionale Seelsorgeschulungen
- Erziehungsberatung und Schulungen zur Kinder- und Jugendseelsorge
- Schulung: Familie im Spannungsfeld von Gemeinde und Beruf (1 Jahr)
- Grundkurs für Eheseelsorger
- Elternseminare
- Ambulantes Therapie- und Beratungsangebot
- Vorträge, Supervision, Internationale Arbeit, ...
- Fernkurs: Die Grundlagen Christlicher Psychologie

www.IGNIS.de
info@IGNIS.de